El Bitcoin, un término que surgió de las sombras en 2009 gracias al enigmático creador, o grupo de creadores, Satoshi Nakamoto, se ha convertido rápidamente en una fuerza disruptiva en el mundo financiero. En estas páginas, nos sumergiremos en el corazón de esta revolución digital de la moneda, una revolución que trasciende las fronteras tradicionales de las finanzas y que promete remodelar fundamentalmente la manera en que percibimos y utilizamos el dinero.

El Bitcoin no es simplemente una nueva forma de moneda, sino más bien una tecnología revolucionaria basada en la cadena de bloques, una innovación que tiene el potencial de cambiar radicalmente nuestra concepción de las transacciones financieras, la privacidad e incluso la noción de confianza. No es exagerado decir que el Bitcoin ha inaugurado una era nueva en la que la descentralización, la transparencia y la seguridad desempeñan roles clave.

En esta exploración, desglosaremos las complejidades del Bitcoin, desde el funcionamiento de su tecnología subyacente hasta su impacto social y económico. Examinaremos los beneficios y desafíos que acompañan a esta moneda digital, los desarrollos recientes que han dado forma a su panorama, y nos aventuraremos en los territorios aún inexplorados de su futuro incierto.

Este libro está dirigido a aquellos que buscan comprender el Bitcoin, desde principiantes curiosos hasta conocedores apasionados. Tiene como objetivo proporcionar una guía completa, un recurso indispensable para cualquiera que desee navegar por las aguas a menudo turbulentas de esta revolución monetaria. Prepárense, porque nos embarcamos en un viaje a través del fascinante mundo del Bitcoin, donde la tradición se encuentra con la tecnología y donde los fundamentos del sistema financiero son cuestionados.

Bienvenidos al mundo del Bitcoin, la revolución digital que cambia las reglas del juego.

Indice

V - Ventajas y Desafíos

a. Exploración de las ventajas potenciales del Bitcoin en términos de seguridad, descentralización y privacidad.

b. Debate sobre los desafíos, incluyendo la volatilidad y las preocupaciones regulatorias.

VI - Ecosistema Bitcoin

a. Presentación de diferentes plataformas de intercambio, carteras y servicios relacionados con el Bitcoin.

b. Exploración de aplicaciones descentralizadas (dApps) basadas en la cadena de bloques de Bitcoin.

VII - Impacto Social y Económico

a. Análisis del posible impacto del Bitcoin en los sistemas financieros tradicionales.

b. Debate sobre las implicaciones para la privacidad y la libertad financiera.

VIII - Futuro del Bitcoin

a. Debate sobre tendencias emergentes y posibles escenarios para el futuro del Bitcoin.

b. Exploración de desarrollos tecnológicos potenciales relacionados con el Bitcoin.

IX - Consejos para Principiantes

a. Consejos prácticos para aquellos que desean comenzar a usar el Bitcoin de manera segura.

b. Advertencias sobre posibles trampas y buenas prácticas.

X - Respuestas a Preguntas Frecuentes

Respuestas a algunas de las preguntas más frecuentes sobre el Bitcoin.

XI - Controversias y Debates Actuales

a. Debate sobre temas en la comunidad como la escalabilidad, gobernanza y diferencias filosóficas.

b. Análisis de controversias pasadas y su impacto en la comunidad Bitcoin.

XII - Seguridad y Prevención de Riesgos

a. Consejos prácticos sobre cómo asegurar las carteras de Bitcoin.

b. Prevención de estafas y riesgos de seguridad relacionados.

XIII - Estudios de Caso

a. Presentación de casos ilustrativos del éxito o desafíos enfrentados por empresas o individuos en el ecosistema Bitcoin.

b. Análisis de lecciones aprendidas de estas experiencias.

XIV - Perspectivas Regulatorias y Legales

a. Exploración de regulaciones en constante cambio relacionadas con el Bitcoin en diferentes países.

b. Debate sobre las posibles implicaciones de los desarrollos regulatorios en la adopción del Bitcoin.

XV - Ética del Bitcoin

a. Reflexión sobre las implicaciones éticas del uso del Bitcoin, incluyendo consideraciones ambientales relacionadas con la minería de Bitcoin.

b. Debate sobre la responsabilidad social de los actores en el ecosistema Bitcoin.

XVI - Comunidad y Cultura Bitcoin

a. Exploración de la cultura que rodea la comunidad Bitcoin.

b. Debate sobre la importancia de la comunidad en el desarrollo y aceptación del Bitcoin.

XVII - Educación Financiera e Inclusión

a. Análisis del papel del Bitcoin en la educación financiera y la inclusión económica.

b. Exploración de proyectos que buscan utilizar el Bitcoin para mejorar el acceso a servicios financieros.

XVIII - Conclusión

a. Recapitulación de puntos clave.

b. Llamado a la exploración continua y comprensión del Bitcoin.

I – Introducción

a - Presentación del Bitcoin como una revolución en el mundo financiero

En el centro del continuo cambio del panorama financiero mundial, el Bitcoin se alza como un faro, iluminando el camino hacia una nueva era monetaria. Surgido de la ingeniosa visión de Satoshi Nakamoto en 2009, el Bitcoin no es simplemente una moneda digital más, sino más bien la punta de lanza de una revolución financiera.

Imagina una moneda que trasciende las fronteras nacionales, que no depende de ninguna autoridad central y que ofrece una alternativa a los sistemas financieros tradicionales, a menudo opacos. Ahí radica la fuerza del Bitcoin. Introduce la descentralización en un ámbito durante mucho tiempo dominado por instituciones centralizadas, otorgando autonomía financiera a los individuos.

Esta revolución se basa en la tecnología de la cadena de bloques, una estructura de datos transparente y segura que registra de manera indeleble cada transacción realizada con Bitcoin. La cadena de bloques elimina la necesidad de terceros de confianza e introduce un nivel de transparencia sin precedentes en el mundo de las transacciones financieras.

El Bitcoin también responde a desafíos tradicionales como la inflación y la manipulación monetaria. Con una oferta limitada a 21 millones de bitcoins, desafía los paradigmas de las monedas fiduciarias sujetas a una creación monetaria descontrolada.

Esta revolución no se limita al ámbito tecnológico. El Bitcoin se ha convertido en un fenómeno social, atrayendo la atención de inversores, gobiernos, empresas e incluso del público en general. Apasionados debates surgen en torno a su potencial para remodelar el panorama económico mundial y redefinir las relaciones financieras.

Sin embargo, esta revolución no está exenta de controversias. Desde preguntas regulatorias hasta preocupaciones ambientales relacionadas con la minería de bitcoins, el camino del Bitcoin hacia una aceptación global no carece de obstáculos.

En las páginas siguientes, exploraremos en profundidad esta revolución monetaria. Desglosaremos los elementos técnicos del Bitcoin, nos sumergiremos en su impacto social y económico, y examinaremos las emocionantes perspectivas y desafíos que le aguardan. Únete a nosotros en este viaje, ya que el Bitcoin redefine las reglas del juego financiero, ofreciendo una visión fascinante del futuro de la moneda.

b - Breve historia de la creación del Bitcoin por Satoshi Nakamoto.

La historia del Bitcoin comienza en la penumbra, envuelta en misterio y acertijos. En 2008, una persona, o quizás un grupo, usando el seudónimo Satoshi Nakamoto, publica un artículo titulado "Bitcoin: A Peer-to-Peer Electronic Cash System" (Bitcoin: Un sistema de efectivo electrónico entre pares). Este documento fundacional esboza los principios fundamentales de una moneda digital descentralizada, el Bitcoin, e introduce la blockchain como un mecanismo clave.

El 3 de enero de 2009, Nakamoto lanza la red Bitcoin al minar el primer bloque, también conocido como el bloque "génesis". Es en este momento cuando el Bitcoin cobra vida. La primera transacción queda registrada, marcando el comienzo de una nueva era financiera.

Satoshi Nakamoto, aunque desempeñó un papel central en el lanzamiento del Bitcoin, sigue siendo una figura enigmática. Su identidad real sigue siendo desconocida, y Nakamoto optó por retirarse de la escena pública en 2010. Sus motivaciones, antecedentes e incluso su existencia física siguen generando especulaciones y debates dentro de la comunidad cripto.

Con el paso de los años, el Bitcoin gana reconocimiento y adopción. En 2010, se registran las primeras transacciones concretas utilizando bitcoins para comprar bienes reales, incluida la famosa anécdota de una pizza comprada por 10 000 bitcoins. Este período se caracteriza por una incipiente comunidad de entusiastas del Bitcoin que buscan explorar sus posibilidades.

El Bitcoin no escapa a los desafíos. En 2013, el colapso del mercado Mt. Gox, una de las primeras plataformas de intercambio importantes, sacude la confianza en el incipiente ecosistema. Sin embargo, estas pruebas no hacen más que resaltar la resiliencia del Bitcoin, que persiste y se adapta.

La adopción institucional gana terreno en los años siguientes, con empresas e inversores tradicionales mostrando un interés creciente en el Bitcoin. En 2021, la cotización en bolsa de algunas empresas importantes y la aceptación del Bitcoin como reserva de valor por parte de instituciones financieras refuerzan su legitimidad.

Así, la breve historia del Bitcoin es una saga fascinante que combina innovación tecnológica, desafíos imprevistos y una adopción progresiva. Esta historia, escrita en la criptografía y la transparencia de la blockchain, sigue desarrollándose, prometiendo nuevas páginas llenas de descubrimientos y transformaciones.

II - Comprender el Bitcoin

a - Explicación de conceptos básicos: blockchain, prueba de trabajo y cadena de bloques.

El fundamento del Bitcoin descansa sobre conceptos innovadores que han revolucionado la manera en que comprendemos y llevamos a cabo transacciones financieras. Para comprender plenamente el funcionamiento del Bitcoin, es esencial sumergirse en tres conceptos clave: la blockchain, la prueba de trabajo y la cadena de bloques.

Blockchain: La blockchain, literalmente una "cadena de bloques", es el pilar sobre el cual se sustenta toda la estructura del Bitcoin. Es un registro público descentralizado, asegurado por criptografía, que registra todas las transacciones realizadas con la criptomoneda. Cada transacción se agrupa en "bloques" y se añade secuencialmente a la cadena existente. Cada participante de la red posee una copia de la blockchain, asegurando así la transparencia y seguridad de las transacciones.

Prueba de Trabajo (Proof of Work - PoW): La prueba de trabajo es el mecanismo mediante el cual se añaden nuevos bloques a la blockchain. Los mineros, nodos especializados en la red, resuelven problemas matemáticos complejos para validar y agrupar las transacciones en un bloque. Esta resolución requiere una potencia de cálculo significativa, lo que hace que el proceso sea difícil y costoso en términos de energía. Sin embargo, una vez que se resuelve el problema, la solución puede ser verificada fácilmente por otros participantes, creando así un consenso sobre la adición del bloque a la blockchain.

Cadena de Bloques: La cadena de bloques es la estructura de datos lineal que almacena de manera inmutable todas las transacciones de Bitcoin. Cada bloque contiene un encabezado, una lista de transacciones y un puntero al bloque anterior, formando así una cadena continua. Esta arquitectura garantiza la integridad de la blockchain, ya que cualquier alteración en un bloque implicaría una modificación en todos los bloques posteriores, lo cual es prácticamente imposible debido a la potencia de cálculo requerida.

Estos conceptos trabajan en conjunto para crear un ecosistema seguro, transparente y descentralizado. La blockchain, como registro inmutable, asegura el historial de transacciones, la prueba de trabajo asegura el proceso de validación y la cadena de bloques conecta cada transacción en una secuencia coherente. Juntos, constituyen el corazón del Bitcoin, permitiendo intercambios monetarios digitales sin la intervención de una autoridad central. Esta arquitectura única ha inspirado muchas otras criptomonedas y sigue siendo el fundamento de la innovación en el ámbito de la tecnología financiera.

b - Introducción a la criptografía aplicada al Bitcoin

En el núcleo de la confianza que inspira el Bitcoin yace un elemento esencial: la criptografía. Es el pilar que garantiza la seguridad, privacidad e integridad de las transacciones dentro de la red descentralizada de Bitcoin. Esta introducción a la criptografía ilustra cómo se aplican estos principios criptográficos para crear un sólido ecosistema de moneda digital.

Criptografía de Clave Pública: En el corazón del Bitcoin está el concepto de criptografía de clave pública, un mecanismo que permite que cada usuario de la red tenga un par de claves: una clave pública, conocida por todos, y una clave privada, mantenida en secreto. Estas claves son secuencias de números y letras generadas de manera compleja. La clave pública se utiliza para generar una dirección Bitcoin a la que otros usuarios pueden enviar fondos, mientras que la clave privada es necesaria para firmar las transacciones, garantizando la autorización del propietario.

Firma Digital: Las firmas digitales son el resultado de la aplicación de la criptografía de clave pública. Cuando un usuario desea realizar una transacción, su clave privada se utiliza para crear una firma digital única, específica para esa transacción. Esta firma prueba la autenticidad de la transacción, evitando alteraciones posteriores. Otros usuarios pueden verificar esta firma utilizando la clave pública correspondiente para asegurarse de que la transacción sea legítima.

Funciones de Hash: Las funciones de hash son otro pilar de la criptografía aplicada al Bitcoin. Transforman los datos en una secuencia de caracteres alfanuméricos de longitud fija, llamada "hash". Estas funciones son fundamentales en la creación de la blockchain, ya que cada bloque contiene el hash del bloque anterior. Esto garantiza la integridad de la cadena de bloques, ya que cualquier alteración en un bloque provocaría un cambio en el hash, alertando a la red sobre la modificación.

Algoritmo de Consenso Criptográfico: La prueba de trabajo, mencionada anteriormente, es un ejemplo de algoritmo de consenso criptográfico. Los mineros resuelven problemas criptográficos difíciles, demostrando que han realizado un trabajo significativo para validar un bloque. Este proceso asegura la seguridad de la red al dificultar enormemente la manipulación de transacciones pasadas.

El uso hábil de estas técnicas criptográficas crea una red confiable y resistente a los ataques, permitiendo que los usuarios confíen en sus transacciones dentro del sistema. Esta combinación de matemáticas complejas e ingeniería criptográfica convierte al Bitcoin en algo más que una simple moneda digital; es un logro tecnológico que amplía los límites de la confianza y la seguridad en el ámbito financiero.

III – Funcionamiento del Bitcoin

a - Exploración del proceso de minería y validación de transacciones.

En el núcleo del funcionamiento del Bitcoin se encuentra la minería, una operación compleja que garantiza la seguridad y la veracidad de cada transacción dentro de la red. Comprender la minería y la validación de transacciones es fundamental para apreciar la solidez del Bitcoin como un sistema descentralizado.

Minería de Bitcoin: La minería de Bitcoin es el proceso mediante el cual se crean nuevos bitcoins y se añaden transacciones a la blockchain. Los mineros, participantes de la red, agrupan transacciones en un bloque y tratan de resolver un problema matemático complejo. Este problema está vinculado a la prueba de trabajo, requiriendo una considerable potencia de cálculo. El primer minero en resolver el problema tiene el privilegio de añadir el bloque a la blockchain y es recompensado con nuevos bitcoins y los honorarios de transacción incluidos en ese bloque.

Validación de Transacciones: Antes de añadir un bloque a la blockchain, los mineros deben validar las transacciones incluidas en él. Esto implica asegurarse de que cada transacción sea legítima y cumpla con las reglas de la red.

Estas reglas incluyen aspectos como la verificación de las firmas digitales, la conformidad con las reglas del protocolo Bitcoin y la garantía de que los bitcoins gastados en la transacción existen realmente.

Consenso mediante Prueba de Trabajo: La competencia entre los mineros crea un mecanismo de consenso llamado prueba de trabajo. Esto significa que para que una transacción sea aceptada por toda la red, debe incluirse en un bloque que haya sido validado a través de la resolución del problema matemático. Este consenso descentralizado asegura la confianza en la veracidad de las transacciones, ya que falsificar una transacción requeriría una potencia de cálculo astronómica, haciéndola prácticamente imposible.

Recompensas y Tarifas de Transacción: Además de la creación de nuevos bitcoins, los mineros son recompensados con las tarifas de transacción incluidas en el bloque que han validado. Los usuarios que envían bitcoins pueden optar por incluir tarifas para acelerar el procesamiento de sus transacciones por los mineros. Así, el proceso de minería establece un equilibrio entre la recompensa de nuevos bitcoins y las tarifas de transacción, incentivando la participación de los mineros en la red.

Comprender el esfuerzo involucrado en la minería y la validación de transacciones revela la resiliencia del Bitcoin. Este complejo proceso, guiado por estrictas reglas criptográficas, constituye el fundamento mismo de la confianza y la seguridad que caracterizan a esta revolución digital de la moneda.

b - Explicación del papel de los mineros y los nodos en la red Bitcoin

El funcionamiento de la red Bitcoin se basa en una colaboración descentralizada de participantes, cada uno desempeñando un papel crucial para garantizar la seguridad, validez y confiabilidad de las transacciones. Dos actores esenciales en esta dinámica son los mineros y los nodos.

1. **Papel de los Mineros:**

Los mineros son participantes especiales en la red Bitcoin que desempeñan un papel crucial en la creación de nuevos bitcoins y en la validación de transacciones. Su papel principal es reunir transacciones en bloques y resolver problemas matemáticos complejos (prueba de trabajo) para añadir estos bloques a la blockchain. Aquí están los puntos clave de su contribución :

Creación de Nuevos Bitcoins: Cuando un minero logra añadir un nuevo bloque a la blockchain, recibe una recompensa en forma de nuevos bitcoins. Esta recompensa actúa como un incentivo para participar en la red y compensar la energía consumida en resolver los problemas complejos.

Validación de Transacciones: Antes de añadir un bloque a la blockchain, los mineros deben validar las transacciones incluidas en ese bloque. Verifican la legitimidad de cada transacción, asegurando su cumplimiento con las reglas del protocolo Bitcoin.

Mantenimiento de la Seguridad: La prueba de trabajo hace extremadamente difícil manipular transacciones pasadas. Para alterar una transacción pasada, un atacante potencial debería resolver no solo los problemas matemáticos para el bloque en cuestión, sino también superar la potencia de cálculo combinada de todos los otros mineros de la red.

2. **Papel de los Nodos:**

Los nodos, a diferencia de los mineros, no participan en el proceso de minería para crear nuevos bitcoins. Sin embargo, desempeñan un papel igualmente crucial en la salud y robustez de la red. Aquí están los aspectos clave de su contribución.

Validación Independiente: Cada nodo en la red posee una copia completa de la blockchain. Los nodos validan independientemente cada transacción siguiendo las reglas del protocolo Bitcoin. Esto garantiza el cumplimiento de todas las reglas y la aceptación solo de transacciones legítimas.

Difusión de Transacciones: Los nodos participan en la propagación de transacciones en la red. Cuando un usuario realiza una transacción, se difunde a través de los nodos, asegurando que todas las partes de la red estén informadas sobre ella.

Mantenimiento de la Descentralización: Los nodos contribuyen a mantener la descentralización de la red proporcionando una diversidad de puntos de verificación. Cada nodo tiene igual voz en el proceso de validación, fortaleciendo la resistencia de la red ante posibles ataques.

En conjunto, los mineros y los nodos crean un ecosistema donde la seguridad, confianza y descentralización están en primer plano. Sus roles complementarios contribuyen a hacer de la red Bitcoin un sistema robusto y resistente en el cambiante mundo de las criptomonedas.

IV- El Valor del Bitcoin

a - Análisis de los Factores que Influyen en el Valor del Bitcoin

El valor del Bitcoin, a menudo sujeto a fluctuaciones significativas, es influenciado por diversos factores económicos, tecnológicos y geopolíticos. Comprender estas influencias complejas es esencial para entender la dinámica del mercado del Bitcoin. Aquí se presenta un análisis detallado de los principales factores que contribuyen al valor de esta criptomoneda.

Demanda y Oferta: El valor del Bitcoin, como cualquier otra mercancía, se ve fuertemente afectado por la ley de oferta y demanda. Cuando la demanda de Bitcoin aumenta, ya sea debido a una mayor adopción, interés institucional o la búsqueda de alternativas a las monedas tradicionales, esto puede resultar en un aumento de su valor. De manera similar, eventos como los halving (reducciones a la mitad de la recompensa de minería) pueden afectar la oferta, influenciando así los precios.

Adopción Institucional: La adopción del Bitcoin por parte de instituciones financieras, empresas e incluso gobiernos puede tener un impacto significativo en su valor. Los anuncios de empresas que incorporan Bitcoin en sus reservas de tesorería o que aceptan pagos en Bitcoin a menudo se han asociado con aumentos de precios.

Sentimiento del Mercado: El sentimiento del mercado, a menudo difícil de cuantificar, desempeña un papel crucial en el valor del Bitcoin. Noticias positivas, anuncios regulatorios favorables o desarrollos tecnológicos pueden estimular un sentimiento alcista, mientras que eventos negativos pueden provocar ventas masivas.

Volatilidad: La volatilidad del Bitcoin es tanto una característica como un desafío. Aunque la volatilidad puede ofrecer oportunidades de negociación, también puede hacer que el Bitcoin sea menos atractivo para aquellos que buscan estabilidad. Las variaciones de precios pueden estar influenciadas por factores como la especulación, los ciclos del mercado y los movimientos de grandes tenedores (ballenas).

Eventos Geopolíticos y Económicos: Los eventos a nivel mundial, como crisis económicas, tensiones geopolíticas o cambios en las políticas monetarias, pueden influir en el valor del Bitcoin como refugio de valor o alternativa a los sistemas financieros tradicionales.

Avances Tecnológicos: Los desarrollos tecnológicos relacionados con el Bitcoin, como mejoras en el protocolo, soluciones de escalabilidad o innovaciones en los servicios asociados, pueden influir en la confianza de los usuarios e inversores, lo que puede tener un impacto en el valor.

Percepción de Seguridad y Legitimidad: La percepción de la seguridad y legitimidad del Bitcoin es crucial. Ataques exitosos contra plataformas de intercambio, vulnerabilidades de seguridad o preocupaciones regulatorias pueden provocar fluctuaciones de precios debido a la pérdida de confianza de los usuarios.

Entorno Regulatorio: Las regulaciones en constante cambio en todo el mundo pueden tener un impacto importante en el valor del Bitcoin. Las regulaciones favorables pueden estimular la adopción, mientras que medidas restrictivas pueden provocar una caída de los precios.

La interacción compleja de estos factores crea un paisaje dinámico para el valor del Bitcoin. Los inversores y observadores del mercado deben permanecer alerta ante estas influencias cambiantes para comprender y anticipar los movimientos de precios en el ecosistema en constante evolución del Bitcoin.

b - Comparación con Monedas Tradicionales y Metales Preciosos

El Bitcoin, como forma de moneda digital, difiere significativamente de las monedas tradicionales y los metales preciosos. Esta comparación permite comprender mejor las características únicas del Bitcoin y su papel en el panorama financiero global.

1. **Bitcoin vs Monedas Tradicionales:**

Descentralización: El Bitcoin es descentralizado, funciona en una red peer-to-peer sin necesidad de intermediarios como los bancos centrales. En cambio, las monedas tradicionales son emitidas y reguladas por autoridades centrales, lo que puede tener implicaciones relacionadas con la política monetaria.

Transparencia: Las transacciones de Bitcoin se registran de manera transparente en la cadena de bloques, accesible para cualquiera. Las monedas tradicionales, aunque son rastreables, no presentan la misma visibilidad y los movimientos financieros pueden ser más opacos.

Oferta Limitada: El Bitcoin tiene una oferta limitada a 21 millones de unidades, creando escasez. En cambio, las monedas tradicionales pueden estar sujetas a la inflación debido a la creación monetaria

2. **Bitcoin vs Metales Preciosos:**

Transportabilidad y Divisibilidad: El Bitcoin, como moneda digital, es fácilmente transferible y divisible. Los metales preciosos, como el oro, son físicos y pueden ser menos prácticos de manejar en grandes cantidades.

Almacenamiento: El almacenamiento de Bitcoin es virtual, requiriendo una billetera digital. Los metales preciosos, por otro lado, requieren un almacenamiento físico seguro, que puede ser costoso y restrictivo.

Fungibilidad: El Bitcoin es fungible, cada unidad es idéntica a otra. Los metales preciosos, aunque son estándar, pueden variar en pureza y calidad.

Valor Intrínseco: Los metales preciosos tienen un valor intrínseco como materias primas. El Bitcoin, en cambio, deriva su valor de la confianza y su escasez digital.

3. **Similitudes y Diferencias Generales:**

Valor Refugio: Tanto el Bitcoin como los metales preciosos, especialmente el oro, son considerados a menudo como refugios de valor en tiempos de incertidumbre económica. Sin embargo, el oro tiene una larga historia como reserva de valor, mientras que el Bitcoin es una innovación más reciente.

Fluctuaciones de Precio: Tanto el Bitcoin como los metales preciosos pueden ser susceptibles a fluctuaciones de precios, aunque los metales preciosos han sido históricamente considerados más estables.

Aceptación: Las monedas tradicionales son ampliamente aceptadas legalmente, mientras que la aceptación del Bitcoin varía y a menudo depende de la jurisdicción. Los metales preciosos se utilizan como reserva de valor, pero su aceptación directa como medio de pago es limitada.

En resumen, el Bitcoin representa una evolución radical en la concepción de la moneda, con características únicas en comparación con las monedas tradicionales y los metales preciosos. Su papel como reserva de valor, medio de transacción y activo financiero está generando un interés creciente en el panorama financiero mundial.

V - Ventajas y Desafíos

a - Exploración de los posibles beneficios de Bitcoin en términos de seguridad, descentralización y privacidad.

Bitcoin, como sistema financiero descentralizado basado en la cadena de bloques y la criptografía, presenta varios beneficios potenciales que contribuyen a su creciente popularidad. Explorar estos beneficios clave brinda una visión del potencial transformador de Bitcoin en seguridad, descentralización y privacidad.

1. **Seguridad:**

Criptografía Robusta: La criptografía de clave pública utilizada por Bitcoin ofrece un alto nivel de seguridad. Los usuarios tienen un par de claves, una pública y una privada, asegurando la autenticidad de las transacciones y la protección de los fondos.

Inmutabilidad de la Cadena de Bloques: Una vez que una transacción se agrega a la cadena de bloques, se vuelve prácticamente inmutable. La estructura de la cadena de bloques, junto con la prueba de trabajo, hace extremadamente difícil modificar transacciones pasadas, garantizando la integridad del historial de transacciones.

Resistencia a la Censura: Debido a su descentralización, la red Bitcoin es resistente a la censura. Ninguna autoridad central puede bloquear o controlar las transacciones, ofreciendo resistencia contra intervenciones gubernamentales o intentos de bloqueo.

2. Descentralización:

Ausencia de Autoridad Central: A diferencia de las monedas tradicionales que son gobernadas por bancos centrales, Bitcoin opera en una red peer-to-peer descentralizada. No hay una autoridad única que controle la emisión de moneda, eliminando el riesgo de manipulación monetaria.

Participación Equitativa: Cualquier individuo puede participar en la red Bitcoin como minero, nodo o simple usuario. La descentralización garantiza una participación equitativa, evitando la concentración excesiva de poder en manos de unos pocos.

Seguridad contra Ataques: La descentralización hace que la red Bitcoin sea más resistente a los ataques. Mineros competitivos y la prueba de trabajo requieren una considerable potencia de cálculo para alterar la cadena de bloques, haciendo que los ataques sean costosos e imprácticos.

3. Privacidad:

Pseudonimato: Los usuarios de Bitcoin son pseudónimos, lo que significa que se identifican por una dirección en lugar de por su nombre. Aunque cada transacción se registra en la cadena de bloques, la identidad real de los usuarios suele mantenerse privada.

Control sobre la Información Financiera: Los usuarios tienen un mayor control sobre su información financiera. Pueden optar por divulgar solo los detalles necesarios para una transacción, preservando así su privacidad.

Ausencia de Intermediarios: A diferencia de las transacciones bancarias tradicionales, Bitcoin no implica intermediarios que recopilen y almacenen información personal, reduciendo así los riesgos de violaciones de la privacidad.

Aunque estos beneficios potenciales son significativos, es importante señalar que existen desafíos, especialmente en términos de escalabilidad, adopción generalizada y regulación. Sin embargo, la exploración continua de estos beneficios destaca el potencial transformador de Bitcoin en la redefinición de las normas del actual sistema financiero.

b - Discusión de los desafíos, incluyendo la volatilidad y las preocupaciones regulatorias.

Aunque Bitcoin ha ganado popularidad y reconocimiento, también enfrenta varios desafíos que pueden influir en su adopción, estabilidad y aceptación a nivel mundial. Entre estos desafíos, la volatilidad y las preocupaciones regulatorias desempeñan un papel importante.

1. Volatilidad:

Factor de Inversión de Alto Riesgo: La volatilidad en los precios de Bitcoin a menudo es mucho mayor que en los activos financieros tradicionales. Esto puede ser un obstáculo para quienes consideran a Bitcoin como una inversión, ya que su valor puede experimentar fluctuaciones significativas en períodos cortos.

Barrera para la Adopción Comercial: Los comerciantes a veces dudan en aceptar Bitcoin como método de pago debido a su volatilidad. El riesgo de que el valor de Bitcoin disminuya después de una transacción puede desalentar su adopción generalizada como método de pago.

2. Preocupaciones Regulatorias:

Incertidumbre Legal: El estatus legal de Bitcoin varía considerablemente de un país a otro, creando incertidumbre regulatoria. Algunos países adoptan Bitcoin, mientras que otros imponen restricciones o lo prohíben, lo que puede obstaculizar su uso.

Riesgo de Prohibición: Los gobiernos pueden tomar medidas restrictivas, desde prohibir los intercambios de criptomonedas hasta establecer regulaciones restrictivas. Estas acciones pueden influir en la percepción de Bitcoin como clase de activos y obstaculizar su adopción.

3. Otros Desafíos:

Seguridad y Riesgos Tecnológicos: A pesar de la robustez de la tecnología subyacente de Bitcoin, pueden surgir vulnerabilidades de seguridad en las plataformas de intercambio, lo que resulta en pérdidas financieras para los usuarios. Además, el rápido avance tecnológico podría presentar riesgos y desafíos inesperados.

Cuestiones Ambientales: El proceso de minería de Bitcoin requiere una considerable potencia de cálculo, lo que plantea preocupaciones ambientales debido al consumo de energía asociado. Esto puede generar críticas y desafíos en términos de sostenibilidad.

Adopción Limitada: Aunque cada vez más empresas aceptan Bitcoin, su adopción como método de pago cotidiano sigue siendo limitada. La complejidad de uso, la volatilidad de los precios y otros factores pueden obstaculizar una adopción generalizada.

La resolución de estos desafíos requiere una colaboración continua entre la comunidad cripto, las empresas, los gobiernos y los reguladores. Esfuerzos para mitigar la volatilidad, aclarar el marco regulatorio y aumentar la comprensión y aceptación de Bitcoin pueden contribuir a superar estos desafíos y fortalecer su posición en el panorama financiero mundial.

VI - El Ecosistema de Bitcoin

a - Presentación de las diferentes plataformas de intercambio, billeteras y servicios relacionados con Bitcoin.

Bitcoin ha dado origen a un ecosistema complejo de servicios, plataformas de intercambio y billeteras diseñadas para facilitar la compra, venta, almacenamiento y uso de esta criptomoneda. Aquí tienes una presentación de las principales categorías de estos servicios relacionados con Bitcoin.

1. Plataformas de Intercambio:

Las plataformas de intercambio facilitan la compra y venta de bitcoins, a menudo a cambio de monedas tradicionales. También permiten la conversión entre diferentes criptomonedas. Aquí hay algunas de las más populares:

Coinbase: Una plataforma amigable para principiantes que ofrece servicios de compra, venta y almacenamiento de Bitcoin.

Binance: Una de las mayores plataformas de intercambio del mundo, con una variedad de pares de negociación y productos financieros relacionados con las criptomonedas.

Kraken: Reconocida por su seguridad, Kraken ofrece una variedad de pares de negociación y funciones avanzadas.

Gemini: Una plataforma con sede en Estados Unidos que se centra en el cumplimiento normativo y la seguridad.

2. **Billeteras Bitcoin:**

Las billeteras Bitcoin son aplicaciones o dispositivos que permiten almacenar, administrar y gastar bitcoins de manera segura. Se dividen en dos categorías principales: billeteras calientes (en línea) y billeteras frías (fuera de línea).

Billeteras Calientes:

Exodus: Una billetera de software fácil de usar con una interfaz gráfica atractiva.

Electrum: Una billetera ligera que ofrece un alto nivel de control y seguridad.

Billeteras Frías:

Ledger Nano S: Una billetera de hardware que almacena las claves privadas sin conexión, agregando una capa adicional de seguridad.

Trezor: Otra billetera de hardware popular que ofrece seguridad sólida.

3. Servicios Relacionados con Bitcoin:

Blockfolio: Una aplicación para rastrear carteras que permite a los usuarios monitorear precios y rendimientos de sus inversiones en Bitcoin y otras criptomonedas.

BitPay: Un servicio que permite a los comerciantes aceptar pagos en Bitcoin y convertirlos automáticamente a moneda tradicional.

CoinATMRadar: Un sitio web que enumera la ubicación de cajeros automáticos de bitcoins en todo el mundo.

Purse.io: Una plataforma que permite comprar productos en Amazon con Bitcoin, ofreciendo descuentos a los usuarios.

Es crucial elegir servicios reputados y seguros, ya que la protección de las claves privadas y la seguridad de las transacciones son aspectos fundamentales en el universo de Bitcoin. Antes de usar un servicio, se recomienda realizar investigaciones exhaustivas y comprender las funciones, costos y medidas de seguridad implementadas.

b - Exploración de las aplicaciones descentralizadas (dApps) basadas en la cadena de bloques de Bitcoin.

La cadena de bloques de Bitcoin, aunque diseñada principalmente para facilitar transacciones con bitcoins, también ha dado lugar a un ecosistema de aplicaciones descentralizadas (dApps). Estas dApps aprovechan la naturaleza descentralizada y segura de la cadena de bloques de Bitcoin para crear diversas aplicaciones. Aquí tienes algunos ejemplos de aplicaciones descentralizadas basadas en la cadena de bloques de Bitcoin:

1. Counterparty:

Descripción: Counterparty es una plataforma que permite la creación de tokens personalizados (criptoactivos) en la cadena de bloques de Bitcoin. Estos tokens pueden representar activos tangibles como bienes raíces o acciones de empresas.

Utilidad: La creación de tokens personalizados ofrece la posibilidad de representar y negociar activos distintos a bitcoins en la cadena de bloques de Bitcoin, ampliando así los casos de uso.

2. RSK (Rootstock):

Descripción: RSK es una plataforma que extiende las funcionalidades de la cadena de bloques de Bitcoin al permitir la ejecución de contratos inteligentes. Está diseñada para llevar los beneficios de los contratos inteligentes al ecosistema de Bitcoin.

Utilidad: RSK permite a los desarrolladores crear aplicaciones descentralizadas con funcionalidades de contratos inteligentes, aprovechando la seguridad de la cadena de bloques de Bitcoin.

3. OpenBazaar:

Descripción: OpenBazaar es un mercado descentralizado donde los usuarios pueden comprar y vender bienes y servicios sin intermediarios. Utiliza la cadena de bloques de Bitcoin para facilitar las transacciones.

Utilidad: OpenBazaar busca crear un mercado verdaderamente libre y descentralizado, eliminando tarifas y restricciones asociadas a plataformas de comercio electrónico centralizadas.

4. Hodl Hodl:

Descripción: Hodl Hodl es una plataforma de intercambio de bitcoins peer-to-peer que funciona sin intermediarios.

Utiliza contratos inteligentes basados en la cadena de bloques de Bitcoin para asegurar las transacciones.

Utilidad: Hodl Hodl ofrece una alternativa descentralizada a las plataformas de intercambio centralizadas, permitiendo a los usuarios intercambiar bitcoins de manera segura y directa.

5. JoinMarket:

Descripción: JoinMarket es una plataforma descentralizada de mezcla de bitcoins que permite a los usuarios mejorar la privacidad de sus transacciones al fusionarlas con otros usuarios.

Utilidad: Al mejorar la privacidad de las transacciones, JoinMarket busca reforzar la privacidad y fungibilidad del bitcoin.

Es importante tener en cuenta que, aunque estas aplicaciones descentralizadas amplían las funcionalidades de la cadena de bloques de Bitcoin, también pueden estar sujetas a limitaciones inherentes a la cadena de bloques, como la escalabilidad. La exploración continua de las dApps basadas en la cadena de bloques de Bitcoin es esencial para comprender la evolución de este ecosistema en constante expansión.

VII - Impacto Social y Económico

a - Análisis del impacto potencial del Bitcoin en los sistemas financieros tradicionales.

La llegada del Bitcoin ha generado intensos debates sobre su impacto en los sistemas financieros tradicionales. Aunque el Bitcoin no reemplaza por completo las monedas tradicionales, podría tener varios impactos significativos en estos sistemas.

1. Descentralización y Autonomía:

Eliminación de Intermediarios: El Bitcoin permite transacciones peer-to-peer sin necesidad de intermediarios como bancos o procesadores de pago. Esto potencialmente puede reducir los costos asociados con las transacciones financieras y otorgar a los usuarios un mayor control sobre sus fondos.

Acceso Financiero Global: El Bitcoin puede ofrecer servicios financieros a poblaciones que no tienen acceso a sistemas bancarios tradicionales. Personas no bancarizadas o mal atendidas pueden participar en el sistema financiero global a través del Bitcoin.

2. **Evolución de Modelos de Negocio:**

Innovación Financiera: La tecnología subyacente al Bitcoin, la cadena de bloques, inspira innovaciones financieras como contratos inteligentes y tokens. Estas tecnologías pueden cambiar la forma en que se proporcionan servicios financieros, creando nuevos modelos de negocio e introduciendo una mayor competencia.

Reducción de Tarifas Transfronterizas: Las transferencias de fondos transfronterizos a través del Bitcoin pueden potencialmente reducir tarifas y acelerar las transacciones en comparación con los métodos tradicionales, lo que podría perturbar el modelo existente de servicios de transferencia de dinero.

3. **Reserva de Valor y Riesgos:**

Reserva de Valor Alternativa: Algunos ven al Bitcoin como una reserva de valor alternativa al oro o monedas fiduciarias. En tiempos de incertidumbre económica, los inversores pueden recurrir al Bitcoin como un activo de refugio.

Volatilidad y Riesgos: Sin embargo, la volatilidad del Bitcoin también puede presentar riesgos para los inversores. El valor del Bitcoin puede fluctuar significativamente, lo que puede afectar la percepción de su estabilidad como reserva de valor.

4. Reacción de Instituciones Financieras:

Adopción Institucional: Algunas instituciones financieras están adoptando el Bitcoin como un activo de inversión, lo que aumenta la legitimidad de la criptomoneda. Empresas están agregando Bitcoin a sus reservas de tesorería, lo que indica un cambio en la percepción tradicional del Bitcoin.

Resistencia y Regulación: Por otro lado, algunas instituciones financieras y gobiernos permanecen escépticos y han implementado o están considerando regulaciones estrictas, creando tensiones entre el Bitcoin y los sistemas financieros tradicionales.

En resumen, aunque el Bitcoin puede ofrecer beneficios en términos de descentralización, innovación financiera y acceso ampliado, también genera preocupaciones debido a su volatilidad y a la cautelosa reacción de instituciones financieras y reguladores. La evolución de esta dinámica dependerá en gran medida de cómo el Bitcoin continúe integrándose en los sistemas financieros globales y aborde preocupaciones sobre regulación y seguridad.

b - Discusión sobre las implicaciones para la privacidad y la libertad financiera.

El Bitcoin tiene profundas implicaciones para la privacidad y la libertad financiera, ofreciendo en ciertos aspectos ventajas y desafíos únicos en estos campos.

1. Privacidad:

Pseudonimato: Aunque las transacciones de Bitcoin se registran en la cadena de bloques, los usuarios se identifican mediante direcciones en lugar de información personal. Esto brinda un cierto grado de anonimato, creando un seudónimo que puede proteger la privacidad financiera de los usuarios.

Control sobre la información: Los usuarios tienen un mayor control sobre la información financiera que divulgan. Pueden optar por compartir solo los detalles necesarios para una transacción, preservando así su privacidad en comparación con los sistemas tradicionales.

Riesgo de vigilancia: Sin embargo, existen preocupaciones sobre la posible vigilancia de las transacciones de Bitcoin. Aunque las direcciones no están directamente relacionadas con la identidad real de los usuarios, se pueden realizar esfuerzos de vigilancia para intentar vincular direcciones con personas.

2. Libertad financiera:

Acceso financiero ampliado: El Bitcoin ofrece la posibilidad de acceso financiero mundial, permitiendo que cualquier persona con conexión a Internet participe en la red financiera global. Esto puede ser especialmente poderoso para poblaciones no bancarizadas o mal atendidas.

Eludir restricciones: Los usuarios pueden eludir las restricciones financieras impuestas por algunos gobiernos o instituciones. Esto ofrece una alternativa para individuos en regiones donde los sistemas bancarios tradicionales son limitados o censurados.

Posesión total: Los poseedores de Bitcoin tienen posesión total de sus fondos, sin necesidad de intermediarios. Esto significa que nadie puede congelar o confiscar sus activos sin acceso a sus claves privadas.

3. Desafíos y preguntas:

Riesgo de pérdida: La posesión total de fondos implica también el riesgo de pérdida total en caso de extravío de las claves privadas. Los usuarios deben tomar medidas de seguridad adecuadas para proteger sus bitcoins.

Cumplimiento regulatorio: Los esfuerzos para mejorar el cumplimiento regulatorio pueden llevar a recopilar más información sobre los usuarios, comprometiendo potencialmente la privacidad.

Fluctuaciones de precios: La volatilidad del Bitcoin puede presentar desafíos para aquellos que buscan utilizar la criptomoneda como reserva de valor estable.

En conclusión, el Bitcoin presenta oportunidades significativas para fortalecer la privacidad y la libertad financiera, pero también plantea preguntas y desafíos. El equilibrio entre la privacidad y el cumplimiento regulatorio, así como la gestión cuidadosa de las claves privadas, son aspectos clave a considerar en la exploración de las implicaciones del Bitcoin en estos campos cruciales.

VIII - El Futuro del Bitcoin

a - Discusión sobre las tendencias emergentes y los posibles escenarios para el futuro del Bitcoin.

El futuro del Bitcoin es objeto de muchas especulaciones debido a su rápido desarrollo y su impacto en los mercados financieros globales. Varias tendencias emergentes y posibles escenarios pueden influir en el futuro del Bitcoin.

1. **Adopción Institucional:**

• **Tendencia Emergente:** Un crecimiento en la adopción del Bitcoin por parte de instituciones financieras y empresas, tanto como reserva de valor como activo de inversión.

• **Escenario Posible:** Una mayor aceptación por parte de grandes instituciones financieras podría fortalecer la legitimidad del Bitcoin, allanando el camino para una adopción más generalizada.

2. **Evoluciones Tecnológicas:**

• **Tendencia Emergente:** Desarrollos tecnológicos, como la adopción de actualizaciones del protocolo Bitcoin (por ejemplo, Taproot), que mejoran la eficiencia y la privacidad.

• **Escenario Posible:** Mejoras continuas en la tecnología Bitcoin podrían impulsar el uso de la criptomoneda, atrayendo nuevos usuarios y fortaleciendo la seguridad de la red.

3. Regulación y Cumplimiento:

• **Tendencia Emergente:** Un mayor enfoque de los gobiernos en la regulación de las criptomonedas, con el objetivo de establecer marcos legales claros.

• **Escenario Posible:** Una regulación más clara podría atraer a más inversores institucionales, equilibrando la protección de los usuarios y la promoción de la innovación.

4. Emergencia de Nuevos Casos de Uso:

• **Tendencia Emergente:** La exploración de nuevos casos de uso para el Bitcoin más allá de ser solo una reserva de valor, como los contratos inteligentes y las aplicaciones descentralizadas.

• **Escenario Posible:** La expansión de los casos de uso podría diversificar los beneficios del Bitcoin, atrayendo un uso más amplio y fomentando la innovación.

5. Desafíos y Volatilidad:

• **Tendencia Emergente:** La persistencia de desafíos como la volatilidad de los precios, la seguridad y las preocupaciones ambientales relacionadas con la minería.

• **Escenario Posible:** Los desafíos continuos podrían influir en la percepción del Bitcoin, llevando a ajustes en los enfoques regulatorios y las estrategias de adopción.

6. Evolución de los Paradigmas Financieros:

• **Tendencia Emergente:** El cuestionamiento de los paradigmas financieros tradicionales con el surgimiento de las finanzas descentralizadas (DeFi).

• **Escenario Posible:** El Bitcoin podría desempeñar un papel más importante en la evolución de DeFi, introduciendo nuevos modelos financieros y nuevas formas de interactuar con el valor.

Es importante tener en cuenta que el futuro del Bitcoin está intrínsecamente vinculado a muchos factores externos, como los desarrollos tecnológicos, las decisiones regulatorias y la adopción por parte de los usuarios. Las tendencias emergentes y los escenarios posibles pueden evolucionar según estos factores dinámicos, lo que hace que el futuro del Bitcoin sea tanto emocionante como incierto.

b - Discusión sobre las implicaciones para la privacidad y la libertad financiera.

El Bitcoin tiene profundas implicaciones para la privacidad y la libertad financiera, ofreciendo, en ciertos aspectos, ventajas y desafíos únicos en estos ámbitos.

1. Privacidad:

Pseudonimato: Aunque las transacciones de Bitcoin se registran en la cadena de bloques, los usuarios son identificados por direcciones en lugar de información personal. Esto ofrece cierto grado de anonimato, creando un seudónimo que puede proteger la privacidad financiera de los usuarios.

Control de la información: Los usuarios tienen un mayor control sobre la información financiera que divulgan. Pueden optar por compartir solo los detalles necesarios para una transacción, preservando así su privacidad en comparación con los sistemas tradicionales.

Riesgo de vigilancia: Sin embargo, existen preocupaciones sobre la posible vigilancia de las transacciones de Bitcoin. Aunque las direcciones no están directamente vinculadas a la identidad real de los usuarios, pueden hacerse esfuerzos de vigilancia para intentar relacionar direcciones con personas.

2. Libertad financiera:

Acceso financiero ampliado: Bitcoin ofrece la posibilidad de acceder al sistema financiero mundial a cualquier persona con acceso a Internet. Esto puede ser especialmente poderoso para poblaciones no bancarizadas o mal atendidas.

Eludir restricciones: Los usuarios pueden eludir las restricciones financieras impuestas por algunos gobiernos o instituciones. Esto proporciona una alternativa para personas en áreas donde los sistemas bancarios tradicionales son limitados o censurados.

Control total: Los poseedores de Bitcoin tienen control total sobre sus fondos, sin necesidad de intermediarios. Esto significa que nadie puede congelar o confiscar sus activos sin acceso a sus claves privadas.

3. Desafíos y preguntas:

Riesgo de pérdida: La posesión total de los fondos también implica el riesgo de pérdida total en caso de extraviar las claves privadas. Los usuarios deben tomar medidas de seguridad apropiadas para proteger sus bitcoins.

Cumplimiento regulatorio: Los esfuerzos para mejorar el cumplimiento regulatorio pueden llevar a la recopilación de más información sobre los usuarios, comprometiendo potencialmente la privacidad.

Fluctuaciones de precios: La volatilidad del Bitcoin puede plantear desafíos para aquellos que buscan utilizar la criptomoneda como una reserva de valor estable.

En conclusión, el Bitcoin presenta oportunidades significativas para fortalecer la privacidad y la libertad financiera, pero también plantea preguntas y desafíos. El equilibrio entre la privacidad y el cumplimiento regulatorio, junto con la gestión cuidadosa de las claves privadas, son aspectos clave a considerar al explorar las implicaciones del Bitcoin en estos ámbitos cruciales.

IX- Consejos para Principiantes

a - Consejos prácticos para aquellos que desean comenzar a usar Bitcoin de manera segura.

El uso seguro de Bitcoin requiere una comprensión profunda de las mejores prácticas de seguridad. Aquí hay algunos consejos prácticos para aquellos que desean comenzar a usar Bitcoin de manera segura:

1. **Educación:**

Comprender los Fundamentos: Antes de comenzar, tómate el tiempo para entender los conceptos básicos de Bitcoin, incluyendo cómo funciona la blockchain, las carteras, las claves privadas y públicas.

2. **Elección de una Cartera Segura:**

Cartera de Hardware: Las carteras de hardware, como Ledger o Trezor, ofrecen un alto nivel de seguridad al almacenar las claves privadas sin conexión a internet. Son ideales para almacenar grandes cantidades de Bitcoin.

Cartera de Software Segura: Si prefieres una cartera de software, elige soluciones reputadas como Electrum o

Exodus, asegurándote de descargar las aplicaciones desde fuentes oficiales.

3. Seguridad de las Claves Privadas:

Almacenamiento Seguro: Mantén tus claves privadas en un lugar seguro, preferiblemente sin conexión a internet. Nunca las compartas en línea y evita almacenarlas en dispositivos conectados a internet, a menos que sea necesario.

Copias de Seguridad: Realiza copias de seguridad periódicas de tus claves privadas. Almacena estas copias en lugares físicamente seguros, como cajas fuertes.

4. Uso de Contraseñas Fuertes:

Contraseñas Robustas: Utiliza contraseñas fuertes y únicas para todas las cuentas relacionadas con Bitcoin. Evita usar información personal evidente y considera el uso de un gestor de contraseñas.

5. Actualizaciones Regulares de Software:

Sistema y Aplicaciones: Mantén actualizado tu sistema operativo, software antivirus y todas las aplicaciones relacionadas con Bitcoin. Las actualizaciones regulares pueden incluir parches de seguridad cruciales.

6. Uso de Autenticación de Dos Factores (2FA):

Activación de 2FA: Habilita la autenticación de dos factores donde sea posible, especialmente en plataformas de intercambio y carteras en línea. Esto añade una capa adicional de seguridad.

7. Verificación de Transacciones:

Dirección de Recepción: Siempre verifica la exactitud de la dirección de recepción antes de realizar una transacción. Los errores en las direcciones pueden provocar pérdidas de fondos.

8. Evitar Enlaces Sospechosos:

Phishing: Ten cuidado con los intentos de phishing. Nunca hagas clic en enlaces sospechosos o descargues archivos de fuentes no confiables. Siempre verifica la URL.

9. Privacidad:

Discreción: Evita divulgar información sensible sobre tus transacciones o carteras en línea. La privacidad es una parte importante de la seguridad.

10. Comenzar con Pequeñas Cantidades:

Prudencia Inicial: Cuando comiences, hazlo con pequeñas cantidades de Bitcoin. Esto te permitirá familiarizarte con las transacciones sin asumir riesgos significativos.

Siguiendo estos consejos, los usuarios pueden fortalecer significativamente la seguridad de sus operaciones con Bitcoin. Sin embargo, es crucial mantenerse alerta y estar informado sobre las últimas amenazas y mejores prácticas de seguridad.

b - Advertencias sobre Posibles Trampas y Buenas Prácticas con Bitcoin.

El uso de Bitcoin conlleva ciertos riesgos potenciales, y es crucial seguir buenas prácticas para evitar riesgos relacionados con la seguridad y la gestión de fondos. Aquí hay algunas advertencias y buenas prácticas a tener en cuenta:

1. Phishing y Estafas:

Advertencia: Las estafas de phishing son comunes. Los estafadores crean sitios web y correos electrónicos fraudulentos para robar información de identificación.

Buenas Prácticas: Siempre verifica la URL de los sitios web que visitas, usa la autenticación de dos factores cuando sea posible y nunca compartas tus datos de inicio de sesión por correo electrónico o en sitios no seguros.

2. Esquemas Ponzi y Sistemas de Inversión Dudosos:

Advertencia: Algunos proyectos prometen rendimientos poco realistas y utilizan esquemas Ponzi para atraer a los inversores.

Buenas Prácticas: Desconfía de las propuestas de inversión demasiado atractivas. Investiga a fondo cualquier plataforma o proyecto antes de invertir y evita los esquemas "hazte rico rápido".

3. Volatilidad de los Precios:

Advertencia: El precio de Bitcoin es altamente volátil y puede fluctuar considerablemente en poco tiempo.

Buenas Prácticas: Solo invierte lo que puedas permitirte perder. Evita decisiones impulsivas basadas en fluctuaciones a corto plazo y adopta un enfoque a largo plazo.

4. Seguridad de las Carteras en Línea:

Advertencia: Las carteras en línea son vulnerables a hackeos. Las plataformas de intercambio también pueden ser objetivos de ataques. •

Buenas Prácticas: Utiliza carteras de hardware o carteras de software seguras. Evita dejar fondos importantes en plataformas de intercambio a largo plazo.

5. Contraseña Olvidada o Perdida:

Advertencia: Perder contraseñas o claves privadas puede resultar en la pérdida permanente de acceso a los fondos.

Buenas Prácticas: Crea copias de seguridad de tus claves privadas y contraseñas, almacénalas en un lugar seguro y asegúrate de poder acceder a ellas cuando sea necesario.

6. Uso de Servicios No Regulados:

Advertencia: Algunos servicios relacionados con Bitcoin no están regulados, lo que puede aumentar los riesgos.

Buenas Prácticas: Utiliza servicios regulados y de buena reputación. Asegúrate de que las plataformas de intercambio y las carteras cumplan con las regulaciones vigentes en tu jurisdicción.

7. Altas Tarifas y Transacciones Lentas:

Advertencia: En períodos de congestión de la red Bitcoin, las tarifas pueden aumentar y las transacciones pueden ser más lentas.

Buenas Prácticas: Verifica las tarifas antes de realizar una transacción. Utiliza carteras que te permitan ajustar las tarifas según la velocidad deseada de la transacción.

8. Comprender los Contratos Inteligentes:

Advertencia: Los contratos inteligentes en otras blockchains pueden diferir de Bitcoin. Errores en la programación pueden resultar en la pérdida de fondos.

Buenas Prácticas: Antes de usar contratos inteligentes, comprende completamente el código y las implicaciones. Comienza con pequeñas cantidades para minimizar los riesgos.

Al mantenerse informado, ser prudente y adoptar buenas prácticas de seguridad, los usuarios pueden maximizar su experiencia con Bitcoin mientras minimizan los riesgos potenciales. La diligencia es clave para navegar de manera segura en el complejo ecosistema de las criptomonedas.

X - Respuestas a Preguntas Frecuentes

Respuestas a algunas de las preguntas más frecuentes sobre Bitcoin. Bitcoin a menudo genera muchas preguntas tanto en principiantes como en inversores experimentados. Aquí tienes respuestas a algunas de las preguntas más frecuentes sobre Bitcoin:

1. ¿Qué es Bitcoin y cómo funciona?

Bitcoin es una criptomoneda descentralizada que opera a través de la tecnología blockchain. Permite transacciones entre pares sin necesidad de intermediarios. Las transacciones son verificadas por mineros y registradas en la blockchain, asegurando transparencia y seguridad.

2. ¿Quién creó Bitcoin?

Bitcoin fue creado por una persona (o grupo) bajo el seudónimo de Satoshi Nakamoto en 2009. La identidad real de Nakamoto sigue siendo desconocida.

3. ¿Cómo se obtiene Bitcoin?

Se puede obtener Bitcoin comprándolo en plataformas de intercambio, mediante la minería (proceso de validación de transacciones) o aceptándolo como pago por bienes y servicios.

4. ¿Es Bitcoin anónimo?

A diferencia de lo que se cree comúnmente, Bitcoin no es completamente anónimo. Las transacciones se registran en la blockchain y son accesibles públicamente. Sin embargo, las direcciones Bitcoin no están directamente vinculadas a la identidad real de los usuarios.

5. ¿Qué es una cartera Bitcoin?

Una cartera Bitcoin es un software o dispositivo que permite almacenar, recibir y enviar bitcoins. Hay carteras en línea, de software, hardware y papel, cada una con sus ventajas y desventajas en seguridad y uso.

6. ¿Cuánto vale un Bitcoin?

El valor de Bitcoin es altamente volátil y puede variar considerablemente. Se determina por la oferta y la demanda en los mercados de intercambio. Puedes verificar el precio actual en plataformas en línea dedicadas.

7. ¿Es legal Bitcoin?

La legalidad de Bitcoin varía según los países. Algunos lo aceptan como una forma legal de pago, mientras que otros lo han restringido o prohibido. Es esencial comprender la regulación en tu jurisdicción.

8. ¿Es seguro Bitcoin?

La seguridad de Bitcoin depende de cómo los usuarios manejen sus claves privadas y elijan sus carteras. Aunque la red en sí misma es robusta, los riesgos a menudo residen en las prácticas individuales de seguridad.

9. ¿Por qué la cantidad de Bitcoin está limitada a 21 millones?

El límite de 21 millones de bitcoins fue establecido por Satoshi Nakamoto para crear una escasez digital e imitar la escasez de algunos metales preciosos. Esto tiene como objetivo evitar la inflación excesiva.

10. ¿Puede usarse Bitcoin para transacciones ilícitas?

Aunque ha habido algunas transacciones ilícitas con Bitcoin debido a su pseudonimato, es importante tener en cuenta que la mayoría de las actividades ilícitas son manejadas mejor por monedas fiat tradicionales. Bitcoin en sí no fomenta la actividad criminal.

11. ¿Cómo puedo gastar mis bitcoins?

Puedes gastar tus bitcoins utilizándolos para comprar
bienes y servicios en comercios que los acepten. Muchas
empresas en línea y físicas ahora aceptan bitcoins como
forma de pago.

12. ¿Cuál es la diferencia entre Bitcoin y blockchain?

Bitcoin es una criptomoneda, mientras que la blockchain es
la tecnología subyacente que permite su funcionamiento. La
blockchain es un registro público y descentralizado que
registra todas las transacciones de Bitcoin de manera
transparente e inmutable.

13. ¿Cómo puedo asegurar mi billetera de Bitcoin?

Para asegurar tu billetera de Bitcoin, utiliza billeteras de
hardware, haz copias de seguridad de tus claves privadas,
activa la autenticación de dos factores y mantén actualizado
tu software. También evita almacenar grandes cantidades
de bitcoins en billeteras en línea.

14. ¿Es Bitcoin una burbuja financiera?

La idea de que Bitcoin es una burbuja financiera está sujeta
a debate. Algunos lo ven como una innovación sostenible,
mientras que otros temen una sobrevaluación. La volatilidad

del precio y las perspectivas divergentes alimentan estos debates.

15. ¿Cómo funciona el proceso de minería de Bitcoin?

El proceso de minería de Bitcoin implica que los mineros resuelvan problemas matemáticos complejos para validar las transacciones y agregar bloques a la blockchain. A cambio, los mineros reciben nuevos bitcoins y tarifas de transacción.

16. ¿Puedo convertir Bitcoin en moneda fiduciaria?

Sí, puedes convertir Bitcoin en moneda fiduciaria en plataformas de intercambio. Puedes vender tus bitcoins por monedas como el dólar, el euro u otras, y luego retirar los fondos a tu cuenta bancaria.

17. ¿Cómo puedo rastrear mis transacciones de Bitcoin?

Puedes rastrear tus transacciones de Bitcoin utilizando un explorador de bloques. Te permite buscar una dirección Bitcoin específica y ver todas las transacciones asociadas a esa dirección en la blockchain.

18. ¿Es Bitcoin ecológico debido al consumo de energía de la minería?

El consumo de energía de la minería de Bitcoin ha generado preocupaciones ambientales. Sin embargo, hay iniciativas trabajando en soluciones más ecológicas. Se están discutiendo alternativas, como la prueba de participación.

19. ¿Puede Bitcoin ser utilizado como reserva de valor?

Bitcoin a menudo se considera como una reserva de valor debido a su rareza y su estatus como la primera criptomoneda. Algunos lo ven como una alternativa al almacenamiento de valor tradicional como el oro.

20. ¿Cuál es el futuro de Bitcoin?

El futuro de Bitcoin sigue siendo motivo de debate. Algunos ven una adopción más amplia, mientras que otros señalan desafíos. El desarrollo tecnológico, la regulación y la evolución de la demanda jugarán un papel en su futuro.

Estas respuestas ofrecen un panorama de preguntas frecuentes, pero es crucial seguir informándose y estar al tanto, ya que el ecosistema de Bitcoin está en constante evolución.

XI - Controversias y Debates Actuales

a - Exploración de debates comunitarios sobre temas como la escalabilidad, gobernanza y divergencias filosóficas.

El mundo del Bitcoin es dinámico y está marcado por debates apasionados y controversias dentro de la comunidad. Aquí se explora algunos de los debates actuales más relevantes:

1. **Escalabilidad de la Red:**

Debate: La escalabilidad de la red Bitcoin es un tema crucial. Algunos proponen aumentar la capacidad de procesamiento de transacciones, mientras que otros argumentan que esto podría comprometer la descentralización de la red.

Puntos de vista: Algunos abogan por la adopción de soluciones como la Lightning Network, que ofrece transacciones rápidas fuera de la cadena principal. Otros enfatizan la importancia de mantener la descentralización, aunque esto signifique transacciones más lentas.

2. **Gobernanza Descentralizada:**

Debate: La cuestión de la gobernanza en la red Bitcoin es compleja. ¿Cómo tomar decisiones importantes para la evolución del protocolo sin centralizar el poder?

Puntos de vista: Algunos creen que la gobernanza debe ser descentralizada, basada en el consenso dentro de la comunidad. Otros sugieren mecanismos de gobernanza más formales, pero esto plantea preocupaciones sobre la concentración del poder.

3. **Divergencias Filosóficas:**

Debate: Existen divergencias filosóficas sobre la dirección que debería tomar el Bitcoin. Algunos ven al Bitcoin principalmente como una reserva de valor, mientras que otros insisten en su utilidad como medio de pago.

Puntos de vista: Algunos abogan por un enfoque más conservador, destacando su valor como reserva, mientras que otros promueven la innovación para ampliar los casos de uso, incluidos los pagos diarios.

4. **Integración de Mejoras Técnicas:**

Debate: La integración de actualizaciones y mejoras técnicas es un tema constante de debate. La cuestión de qué mejoras tienen prioridad y cómo implementarlas puede dividir a la comunidad.

Puntos de vista: Algunos abogan por cambios rápidos para mantener la competitividad, mientras que otros insisten en la prudencia para evitar errores que puedan comprometer la seguridad de la red.

5. **Rol de las Altcoins:**

Debate: Algunos miembros de la comunidad Bitcoin cuestionan el papel de las altcoins (otras criptomonedas) y cómo pueden afectar al ecosistema.

Puntos de vista: Algunos ven a las altcoins como competidores perjudiciales, mientras que otros ven la diversidad de proyectos como beneficiosa para todo el espacio criptográfico.

Estos debates reflejan la naturaleza democrática del desarrollo de Bitcoin, donde los miembros de la comunidad tienen voz. Las discusiones y compromisos son esenciales para la evolución continua del protocolo, respetando los principios fundamentales que fortalecen al Bitcoin.

b - Análisis de controversias pasadas y su impacto en la comunidad Bitcoin.

El Bitcoin ha enfrentado varias controversias a lo largo de su existencia, cada una con la capacidad de influir en la percepción de la criptomoneda y dar forma a su evolución. Aquí se realiza un análisis de algunas controversias pasadas y su impacto en la comunidad Bitcoin:

1. Cierre de Silk Road (2013):

Controversia: Silk Road era un mercado en línea que facilitaba transacciones ilegales usando Bitcoin. Cuando las autoridades cerraron el sitio en 2013, se asoció al Bitcoin con actividades delictivas.

Impacto: El cierre de Silk Road contribuyó a mejorar la imagen del Bitcoin al resaltar su capacidad para resistir la censura. Sin embargo, también destacó las preocupaciones regulatorias y la necesidad de un uso responsable.

2. Fork de Bitcoin Cash (2017):

Controversia: La propuesta de aumentar el tamaño de los bloques de Bitcoin para acelerar las transacciones provocó una división, dando lugar a la creación de Bitcoin Cash. Algunos consideraban esto necesario para la escalabilidad, mientras que otros lo veían como una amenaza para la descentralización.

Impacto: Esta bifurcación generó tensiones dentro de la comunidad. A pesar de que Bitcoin Cash ganó cierto impulso, Bitcoin mantuvo su posición dominante. La escisión resaltó las divergencias de opiniones sobre la escalabilidad.

3. **Debate sobre el Tamaño de los Bloques (2017):**

Controversia: El debate sobre el tamaño de los bloques dividió a la comunidad sobre el mejor enfoque para resolver los problemas de escalabilidad. Algunos abogaban por aumentar el tamaño de los bloques, mientras que otros respaldaban soluciones como Segregated Witness (SegWit).

Impacto: Este debate demostró la complejidad de las decisiones técnicas dentro de la comunidad. Finalmente, la implementación de SegWit prevaleció, pero dejó cicatrices en la gobernanza de Bitcoin.

4. **La Quiebra de Mt. Gox (2014):**

Controversia: Mt. Gox, una de las primeras y más grandes plataformas de intercambio de Bitcoin, quebró, resultando en la pérdida de miles de bitcoins de los usuarios.

Impacto: Esto sacudió la confianza en la seguridad de las plataformas de intercambio. Se evidenció la necesidad de una regulación más estricta y mejores prácticas de seguridad para evitar tales incidentes en el futuro.

5. **Creación de Bitcoin SV (2018):**

Controversia: La escisión de Bitcoin Cash llevó a la creación de Bitcoin SV, liderado por Craig Wright, quien afirma ser Satoshi Nakamoto. Esta afirmación fue ampliamente cuestionada.

Impacto: Esta división generó debates sobre la legitimidad de las afirmaciones de Wright y sobre la diversidad de opiniones dentro de la comunidad. Bitcoin SV sigue siendo una criptomoneda menor.

Cada una de estas controversias ha moldeado la trayectoria del Bitcoin y ha contribuido a su madurez como red y activo financiero. Estos episodios también resaltaron la importancia de la gobernanza descentralizada, la transparencia y la resistencia para el éxito a largo plazo del Bitcoin.

XII - Seguridad y prevención de riesgos

a - Consejos prácticos sobre la seguridad de las carteras de Bitcoin.

La seguridad de las carteras de Bitcoin es de suma importancia para proteger sus fondos. Siga estos consejos prácticos para reforzar la seguridad de su cartera:

1. **Utilice carteras de hardware:**

Consejo: Las carteras de hardware, como Ledger y Trezor, ofrecen un alto nivel de seguridad al almacenar sus claves privadas sin conexión a Internet. Esto reduce significativamente el riesgo de exposición a amenazas en línea.

2. **Haga copias de seguridad de sus claves privadas:**

Consejo: Cree copias de seguridad físicas de sus claves privadas y guárdelas en lugares seguros. Esto le permitirá recuperar sus fondos en caso de pérdida o fallo del dispositivo.

3. Active la autenticación de dos factores (2FA):

Consejo: Use la 2FA para añadir una capa adicional de seguridad al acceder a su cartera. Esto suele implicar el uso de una aplicación de autenticación en su teléfono.

4. Mantenga su software actualizado:

Consejo: Asegúrese de que su software de cartera esté siempre actualizado con las últimas actualizaciones de seguridad. Los desarrolladores suelen publicar parches regularmente para corregir vulnerabilidades.

5. Evite las carteras en línea para el almacenamiento a largo plazo:

Consejo: Las carteras en línea son más vulnerables a los ciberataques. Úselas principalmente para transacciones frecuentes y prefiera las carteras sin conexión para almacenar grandes cantidades.

6. Cree carteras separadas para usos diversos:

Consejo: Considere el uso de diferentes carteras para usos específicos (por ejemplo, una para operaciones, otra para el almacenamiento a largo plazo). Esto minimiza los riesgos en caso de compromiso de una sola cartera.

7. Sea prudente con la información personal:

Consejo: Evite compartir información personal relacionada con su cartera, como sus claves privadas o información de recuperación, en línea o con terceros no confiables.

8. Pruebe regularmente la restauración de las copias de seguridad:

Consejo: Asegúrese de que sus procedimientos de copia de seguridad funcionen correctamente realizando pruebas de restauración periódicas. Esto garantiza que pueda recuperar sus fondos cuando sea necesario.

9. Edúquese sobre las técnicas de phishing:

Consejo: Esté atento a los intentos de phishing, donde actores malintencionados intentan engañarlo para que divulgue su información. Siempre verifique la autenticidad de sitios web y correos electrónicos.

10. Use redes Wi-Fi seguras:

Consejo: Evite conectarse a su cartera de Bitcoin a través de redes Wi-Fi públicas no seguras. Utilice en su lugar redes privadas y seguras para transacciones sensibles.

Siguiendo estos consejos, puede fortalecer la seguridad de su cartera de Bitcoin y reducir los riesgos asociados con la gestión de sus criptomonedas. La vigilancia y la implementación de buenas prácticas de seguridad son esenciales en el ecosistema de las criptomonedas.

b - Prevención de estafas y riesgos relacionados con la seguridad.

La prevención de estafas y los riesgos de seguridad son fundamentales en el ecosistema de Bitcoin. Aquí tienes algunos consejos para protegerte de estafas y amenazas de seguridad:

1. **Evita enlaces sospechosos:**

Consejo: No hagas clic en enlaces de fuentes no confiables o inesperadas. Los estafadores a menudo usan tácticas de phishing para robar información.

2. **Cuidado con ofertas demasiado buenas para ser verdad:**

Consejo: Sé escéptico ante propuestas de inversiones o ganancias rápidas. Los estafadores suelen utilizar promesas poco realistas para atraer a los usuarios.

3. Verifica los sitios web:

Consejo: Antes de utilizar una plataforma de intercambio o una billetera, verifica su legitimidad. Asegúrate de que utilice protocolos de seguridad sólidos y tenga una reputación confiable.

4. Mantén tus datos privados:

Consejo: Nunca compartas tus claves privadas, frases de recuperación u otra información sensible en línea. Los estafadores pueden usar esta información para acceder a tu billetera.

5. Usa billeteras físicas (hardware wallets):

Consejo: Las billeteras físicas ofrecen seguridad adicional al almacenar tus claves privadas fuera de línea, reduciendo así los riesgos relacionados con los ataques en línea.

6. Sé cauteloso en las redes sociales:

Consejo: Evita divulgar información sensible en tus cuentas de redes sociales. Los estafadores pueden utilizar esta información para dirigirse a individuos específicos.

7. **Utiliza la autenticación de doble factor (2FA):**

Consejo: Activa la 2FA para reforzar la seguridad de tus cuentas. Esto agrega una capa adicional de protección contra el acceso no autorizado.

8. **Investiga opiniones y comentarios:**

Consejo: Antes de utilizar un servicio o plataforma, busca opiniones y comentarios en línea. Esto puede proporcionarte pistas sobre la reputación y fiabilidad del servicio.

9. **Educa sobre técnicas de estafa:**

Consejo: Mantente informado sobre técnicas comunes de estafa, como phishing, intercambios falsos y ofertas fraudulentas. El conocimiento es una defensa importante.

10. **Presta atención a las advertencias de seguridad:**

Consejo: Mantente al tanto de las últimas amenazas de seguridad y las advertencias emitidas por expertos en ciberseguridad. Sigue las actualizaciones de los protocolos de seguridad.

Al ser vigilante y adoptar prácticas de seguridad sólidas, puedes reducir considerablemente los riesgos relacionados con estafas y seguridad en el ámbito de Bitcoin. La prudencia y la educación son fundamentales para navegar de manera segura en el universo de las criptomonedas.

XIII - Estudios de Casos

a - Presentación de estudios de casos que ilustran el éxito o los desafíos enfrentados por empresas o individuos en el ecosistema Bitcoin.

Éxito: Square y la Adopción de Bitcoin

Contexto: Square, la empresa de pagos móviles dirigida por Jack Dorsey, permitió a sus usuarios comprar y vender Bitcoin a través de su aplicación Cash App.

Éxito: La integración de Bitcoin contribuyó significativamente a la adopción de la criptomoneda. La simplicidad de uso de Cash App abrió las puertas a muchos nuevos usuarios interesados en invertir en Bitcoin.

Desafío: Mt. Gox y la Bancarrota

Contexto: Mt. Gox, antiguamente la plataforma de intercambio de Bitcoin más grande, quebró en 2014, resultando en la pérdida de miles de bitcoins de los usuarios.

Desafío: La quiebra de Mt. Gox reveló importantes deficiencias en seguridad y gestión de fondos en las plataformas de intercambio. Esto resaltó la importancia de la confianza y la seguridad en el ecosistema de Bitcoin.

Éxito: MicroStratégie y la Adopción Institucional

Contexto: MicroStratégie, una empresa de software, convirtió una parte significativa de su tesorería en Bitcoin, adoptando la criptomoneda como reserva de valor.

Éxito: Esta decisión condujo a un aumento significativo en el valor de la inversión inicial de MicroStratégie. También abrió el camino a otras empresas que consideran Bitcoin como una alternativa viable para diversificar sus reservas de efectivo.

Desafío: Falla del DAO en Ethereum

Contexto: El DAO (Organización Autónoma Descentralizada) en la cadena de bloques Ethereum sufrió una vulnerabilidad de seguridad en 2016, resultando en el robo masivo de ETH.

Desafío: Este incidente generó debates sobre la gobernanza y la seguridad de los contratos inteligentes en las cadenas de bloques. También llevó a una división en la comunidad Ethereum con la creación de Ethereum Classic.

Éxito: Adopción de Bitcoin en El Salvador

Contexto: El Salvador se convirtió en el primer país en adoptar Bitcoin como moneda legal en septiembre de 2021.

Éxito: Esta iniciativa atrajo la atención mundial sobre la adopción gubernamental de Bitcoin. Sin embargo, también enfrentó críticas y desafíos relacionados con la volatilidad de la criptomoneda.

Desafío: Hackeo de Bitfinex

Contexto: En 2016, la plataforma de intercambio Bitfinex fue víctima de un importante hackeo, resultando en la pérdida de 120,000 bitcoins.

Desafío: Este hackeo puso de manifiesto los riesgos asociados con mantener fondos en plataformas de intercambio centralizadas. Los usuarios perdieron confianza en la seguridad de tales plataformas.

Estos estudios de casos destacan las oportunidades y desafíos que las empresas y los individuos pueden enfrentar en el ecosistema Bitcoin. Reflejan la complejidad y la dinámica en constante evolución de este universo financiero digital.

b - Análisis de las lecciones aprendidas de estas experiencias.

Las diversas experiencias en el ecosistema Bitcoin ofrecen valiosas lecciones que pueden guiar a los actores del mercado, los inversores y los usuarios. Aquí se presenta un análisis de las lecciones extraídas de estas experiencias variadas:

Priorizar la Seguridad:

Lección: Incidentes como el hackeo de Bitfinex y la falla del DAO resaltan la importancia crucial de la seguridad en el ecosistema Bitcoin. Las empresas deben implementar medidas de seguridad sólidas para proteger los fondos de los usuarios.

Gestión de Riesgos y Diversificación:

Lección: La adopción de Bitcoin por parte de empresas como MicroStratégie destaca la importancia de la gestión de riesgos y la diversificación. Las organizaciones deben evaluar los beneficios y riesgos antes de tomar decisiones importantes sobre Bitcoin.

La Confianza de los Usuarios es Fundamental:

Lección: La quiebra de Mt. Gox dejó claro la necesidad de la confianza de los usuarios. Las plataformas de intercambio y las empresas deben ganar y mantener la confianza de sus usuarios para prosperar en el ecosistema.

Innovación y Adopción Gubernamental:

Lección: La adopción de Bitcoin por parte de El Salvador muestra que la innovación y la adopción gubernamental pueden tener implicaciones globales. Sin embargo, esta iniciativa también destacó los desafíos relacionados con la volatilidad y la aceptación de la criptomoneda.

Complejidad de la Gobernanza Descentralizada:

Lección: La división de Ethereum tras la falla del DAO resalta la complejidad de la gobernanza descentralizada. Las comunidades deben encontrar consensos sobre actualizaciones y cambios dentro de los protocolos blockchain.

Vigilancia y Educación:

Lección: La existencia de estafas y ataques de phishing resalta la necesidad de una vigilancia constante y la educación de los usuarios. Las personas deben estar informadas sobre las técnicas de estafa para evitar caer en trampas.

Adopción Institucional y Consideraciones Regulatorias:

Lección: La adopción institucional, ilustrada por MicroStratégie, destaca la creciente importancia de Bitcoin en el panorama financiero tradicional. Sin embargo, también resalta la necesidad de claridad regulatoria para fomentar más participación institucional.

Evolución Continua y Adaptación:

Lección: La evolución continua del ecosistema Bitcoin, marcada por éxitos como la integración de Bitcoin por parte de Square, subraya la necesidad de adaptación constante. Las empresas deben mantenerse flexibles para aprovechar nuevas oportunidades y desafíos.

En conclusión, estas experiencias destacan la complejidad y diversidad del ecosistema Bitcoin. Los actores del mercado y los usuarios pueden extraer lecciones esenciales para navegar este espacio en constante cambio y asegurarse de tomar decisiones informadas. La seguridad, la confianza de los usuarios, la gestión de riesgos y la adaptabilidad siguen siendo elementos clave para tener éxito en el mundo de las criptomonedas.

XIV - Perspectivas Regulatorias y Legales

a - Exploración de las regulaciones en constante evolución relacionadas con Bitcoin en diferentes países.

Las regulaciones en torno a Bitcoin varían considerablemente de un país a otro, reflejando la complejidad en la gestión de esta nueva clase de activos. Aquí hay un resumen de las perspectivas regulatorias y legales en diferentes países:

Estados Unidos:

Tendencia: Estados Unidos ha adoptado una postura relativamente favorable hacia Bitcoin, pero las regulaciones varían de un estado a otro. Varios organismos, incluidos la SEC y la CFTC, supervisan diferentes aspectos del ecosistema de criptomonedas.

Desafíos: La regulación fiscal, la clasificación de las ICO (Ofertas Iniciales de Moneda) y la supervisión de intercambios son áreas de atención. La aplicación de reglas KYC/AML (Conozca a su cliente / Anti-lavado de dinero) también está siendo más estricta.

China:

Tendencia: China ha adoptado un enfoque cada vez más estricto hacia las criptomonedas, inicialmente prohibiendo las ICO en 2017 y más recientemente cerrando operaciones mineras de Bitcoin en algunas regiones.

Desafíos: Las autoridades chinas están preocupadas por la volatilidad del mercado, los riesgos para la estabilidad financiera y el uso potencial de criptomonedas en actividades ilegales.

Japón:

Tendencia: Japón fue uno de los primeros países en regular positivamente las criptomonedas. Estableció reglas de licencia para los intercambios y aceptó Bitcoin como medio de pago legal.

Desafíos: A pesar de tener un marco regulatorio claro, la seguridad de los intercambios sigue siendo una preocupación después de incidentes como el hackeo de Coincheck en 2018.

Unión Europea:

Tendencia: La UE está trabajando en la elaboración de una regulación común sobre criptomonedas. La Quinta Directiva sobre el Blanqueo de Capitales (5AMLD) impone reglas KYC/AML a las empresas relacionadas con criptomonedas.

Desafíos: La UE busca equilibrar la innovación en el sector de las criptomonedas con la protección del consumidor y la prevención del lavado de dinero.

India:

Tendencia: India ha oscilado entre la aceptación y el rechazo de las criptomonedas. Ha habido discusiones sobre la creación de una moneda digital del banco central (CBDC), pero los intercambios de criptomonedas enfrentan desafíos regulatorios.

Desafíos: Las autoridades indias están preocupadas por los riesgos asociados con la volatilidad de las criptomonedas y su uso en actividades ilegales.

Suiza:

Tendencia: Suiza es conocida por su enfoque favorable hacia las criptomonedas. Ofrece un marco regulatorio flexible, fomentando la innovación en el sector de tecnologías financieras.

Desafíos: A pesar de acoger a muchas empresas de blockchain, Suiza sigue atenta a los riesgos asociados con el lavado de dinero.

Corea del Sur:

Tendencia: Corea del Sur ha regulado los intercambios de criptomonedas y ha establecido requisitos KYC/AML. El país busca impulsar la innovación mientras protege a los inversores.

Desafíos: Las preocupaciones sobre la especulación excesiva y la protección de los inversores han llevado a regulaciones más estrictas.

Brasil:

Tendencia: Brasil está evaluando actualmente las mejores formas de regular las criptomonedas. Ha experimentado un crecimiento significativo en la adopción de Bitcoin.

Desafíos: Los reguladores brasileños buscan equilibrar el crecimiento del sector mientras evitan los riesgos de fraude y lavado de dinero.

Estos ejemplos ilustran la diversidad de enfoques regulatorios hacia Bitcoin en todo el mundo. Mientras algunos países abrazan la innovación, otros buscan establecer marcos más estrictos para mitigar los riesgos potenciales asociados con las criptomonedas. La evolución constante de la regulación subraya la necesidad de que los actores de la industria se mantengan informados y se adapten a los cambios regulatorios.

b - Discusión sobre las implicaciones potenciales de los desarrollos regulatorios en la adopción de Bitcoin.

Los desarrollos regulatorios pueden tener un impacto significativo en la adopción del Bitcoin, influyendo en la percepción del público, la confianza de los inversores y la facilidad de uso de la criptomoneda. Aquí hay una discusión sobre las posibles implicaciones de estos desarrollos regulatorios en la adopción del Bitcoin:

Confianza de los inversores:

Impacto: Las regulaciones claras y favorables pueden fortalecer la confianza de los inversores en el Bitcoin. Los inversores institucionales podrían estar más inclinados a participar en los mercados de criptomonedas si hay reglas claras establecidas.

Accesibilidad para el público en general:

Impacto: Las regulaciones que facilitan el acceso al Bitcoin para el público en general podrían estimular la adopción. Por el contrario, las reglas estrictas podrían dificultar la compra y el uso del Bitcoin, limitando su popularidad.

Innovación y desarrollo del ecosistema:

Impacto: Las regulaciones favorables a la innovación podrían fomentar el desarrollo de proyectos y servicios relacionados con el Bitcoin, ampliando así el ecosistema. Reglas restrictivas, por otro lado, podrían obstaculizar el crecimiento y la innovación en la industria.

Adopción institucional:

Impacto: Una regulación clara podría facilitar la adopción institucional del Bitcoin al eliminar la incertidumbre legal. Esto podría alentar a más empresas a integrar el Bitcoin en sus estrategias financieras.

Equilibrio entre privacidad y seguridad:
Impacto: Las regulaciones que equilibran la privacidad y la
seguridad podrían influir en la percepción del Bitcoin como
medio de transacción. Los usuarios podrían verse atraídos
por regulaciones que protegen su privacidad y previenen
actividades delictivas.

Volatilidad del mercado:

Impacto: Las regulaciones que buscan mitigar la volatilidad
del mercado podrían influir en la adopción del Bitcoin como
reserva de valor. Los inversores podrían estar más
dispuestos a utilizar el Bitcoin como un activo estable si los
mecanismos regulatorios contribuyen a reducir la
volatilidad.

Aceptación gubernamental:

Impacto: La aceptación o el rechazo del Bitcoin por parte
de los gobiernos puede dar forma a la adopción a nivel
nacional. La adopción gubernamental, como en el caso de
El Salvador, puede aumentar la aceptación pública, mientras
que el rechazo podría disuadir a los usuarios potenciales.

Internacionalización de los servicios:

Impacto: Las regulaciones consistentes a nivel internacional
podrían facilitar la internacionalización de los servicios

relacionados con el Bitcoin. Esto podría allanar el camino hacia mercados globales más integrados para el Bitcoin.

Riesgo de fraude y manipulación:

Impacto: Las reglas estrictas para combatir el fraude y la manipulación podrían fortalecer la confianza de los usuarios. Sin embargo, una regulación excesiva también podría obstaculizar la innovación al imponer cargas administrativas excesivas.

Educación y concienciación: Impacto: Las regulaciones que fomentan la educación y la concienciación del público podrían desempeñar un papel crucial en la adopción del Bitcoin. Reglas que fomenten la transparencia y la educación podrían ayudar a mitigar temores y prejuicios.

En resumen, los desarrollos regulatorios tienen el poder de influir profundamente en la adopción del Bitcoin. Las regulaciones claras, equilibradas y favorables a la innovación pueden crear un entorno propicio para el crecimiento del Bitcoin como una clase de activos legítima y viable. Sin embargo, un exceso de regulación podría obstaculizar el potencial de esta tecnología disruptiva. El equilibrio entre la protección de los usuarios, la promoción de la innovación y la estabilidad del mercado sigue siendo una cuestión clave para los reguladores de todo el mundo.

XV - La Ética de Bitcoin

a - Reflexión sobre las implicaciones éticas del uso de Bitcoin, incluyendo consideraciones ambientales relacionadas con la minería de Bitcoin.

El uso de Bitcoin plantea diversas cuestiones éticas, desde la privacidad y seguridad hasta el impacto ambiental de la minería de Bitcoin. Aquí se presenta una reflexión sobre las implicaciones éticas de Bitcoin:

Privacidad y Anonimato:

Reflexión: Bitcoin ofrece un seudónimo, lo que plantea interrogantes sobre la confidencialidad de las transacciones. Por un lado, puede ser visto como una ventaja para proteger la privacidad, pero por otro lado, surge preocupación sobre su posible uso en actividades ilegales.

Seguridad y Protección de Usuarios:

Reflexión: La seguridad en las transacciones de Bitcoin depende en gran medida de los usuarios que mantienen seguras sus claves privadas. Incidentes de pirateo y pérdida de claves privadas suscitan interrogantes sobre la responsabilidad individual y la necesidad de una educación más profunda.

Impacto Ambiental de la Minería de Bitcoin:

Reflexión: El proceso de minería de Bitcoin consume una cantidad significativa de energía, generando inquietudes ambientales. La búsqueda de fuentes de energía más sostenibles y la adopción de tecnologías más eficientes son esenciales para mitigar este impacto.

Accesibilidad Financiera e Inclusión:

Reflexión: Bitcoin ofrece oportunidades de inclusión financiera para quienes no tienen acceso a servicios bancarios tradicionales. Sin embargo, la volatilidad de los precios puede representar desafíos para quienes buscan utilizar Bitcoin como medio de pago o reserva de valor.

Ética de la Especulación:

Reflexión: La naturaleza especulativa del mercado de Bitcoin plantea cuestiones éticas, especialmente en inversiones a corto plazo y fluctuaciones de precios rápidas. Los inversionistas deben considerar las implicaciones éticas de sus decisiones de inversión.

Responsabilidad Ambiental de los Mineros:

Reflexión: Los mineros de Bitcoin tienen responsabilidades ambientales debido al consumo energético. La adopción de prácticas mineras más sostenibles y la exploración de soluciones energéticas ecológicas son consideraciones éticas importantes.

Educación y Concientización:

Reflexión: La educación de los usuarios sobre buenas prácticas de seguridad, los riesgos asociados a Bitcoin y la comprensión de sus implicaciones éticas son cruciales. Los esfuerzos para concientizar al público pueden contribuir a un uso más ético de Bitcoin.

Ética de la Redistribución de la Riqueza:

Reflexión: Algunos ven a Bitcoin como un medio para redistribuir la riqueza, ofreciendo oportunidades de inversión a individuos. Sin embargo, la concentración de Bitcoin en pocas manos plantea interrogantes sobre la equidad y distribución de activos.

Debates sobre la Ética de la Gobernanza:

Reflexión: Los debates dentro de la comunidad Bitcoin sobre actualizaciones del protocolo y gobernanza plantean cuestiones éticas sobre la toma de decisiones y representación. La participación comunitaria y la transparencia son aspectos éticos esenciales.

Rol de Bitcoin en Economías en Desarrollo:

Reflexión: En economías en desarrollo, Bitcoin puede ofrecer una alternativa a los sistemas financieros tradicionales. Sin embargo, preocupaciones éticas como la estabilidad financiera y protección a inversionistas deben ser consideradas.

En conclusión, la ética de Bitcoin es un campo complejo que abarca consideraciones sobre privacidad, seguridad, medio ambiente, inclusión financiera y gobernanza. Los usuarios, mineros, reguladores y la comunidad en su conjunto deben comprometerse en una reflexión continua para promover un uso ético de Bitcoin al mismo tiempo que abordan posibles desafíos éticos.

b - Discusión sobre la responsabilidad social de los actores en el ecosistema de Bitcoin.

La responsabilidad social de los actores en el ecosistema de Bitcoin es un tema fundamental, dado el creciente impacto de esta tecnología en individuos, comunidades y el planeta. A continuación, se presenta una discusión sobre las diferentes facetas de la responsabilidad social en el contexto de Bitcoin:

Transparencia y Comunicación:

Reflexión: Las empresas y organizaciones relacionadas con Bitcoin tienen la responsabilidad de comunicar de manera transparente sus actividades. Esto incluye la divulgación de prácticas de seguridad, políticas ambientales e iniciativas sociales.

Educación del Público:

Reflexión: Los actores en el ecosistema de Bitcoin tienen la responsabilidad de educar al público sobre los aspectos técnicos, éticos y económicos de Bitcoin. La conciencia puede contribuir a un uso más responsable y informado de esta tecnología.

Prevención de Actividades Ilegales:

Reflexión: Las plataformas de intercambio y empresas relacionadas con Bitcoin tienen la responsabilidad de implementar medidas de seguridad sólidas para prevenir actividades ilegales como el lavado de dinero y financiamiento del terrorismo.

Lucha contra el Fraude y Estafas:

Reflexión: Los actores en el ecosistema de Bitcoin deben comprometerse en la prevención activa de fraude y estafas. Esto puede incluir programas educativos para ayudar a los usuarios a reconocer señales de estafa.

Manejo del Impacto Ambiental:

Reflexión: Los mineros de Bitcoin tienen la responsabilidad de minimizar su impacto ambiental adoptando prácticas mineras más sostenibles. La exploración de fuentes de energía renovable y eficiencia energética es crucial.

Inclusión Financiera y Responsabilidad Económica:

Reflexión: Las empresas que facilitan el acceso a Bitcoin tienen la responsabilidad de promover la inclusión financiera. Esto implica garantizar que el uso de Bitcoin no genere disparidades económicas y ofrezca oportunidades equitativas.

Compromiso Comunitario:

Reflexión: Los actores en el ecosistema de Bitcoin tienen la responsabilidad de participar activamente con las comunidades locales y globales. Esto puede incluir iniciativas filantrópicas, asociaciones comunitarias y apoyo a proyectos sociales.

Protección de Derechos Humanos:

Reflexión: Empresas y organizaciones relacionadas con Bitcoin tienen la responsabilidad de respetar los derechos humanos. Esto incluye la protección de la privacidad de los usuarios y garantizar la ética en las prácticas comerciales.

Participación en la Gobernanza Descentralizada:

Reflexión: Los actores en el ecosistema de Bitcoin tienen la responsabilidad de participar constructivamente en la gobernanza descentralizada. Esto implica fomentar la diversidad de opiniones y contribuir a decisiones que afectan a la comunidad.

Investigación e Innovación Responsables:

Reflexión: Empresas y desarrolladores involucrados en Bitcoin tienen la responsabilidad de llevar a cabo investigaciones e innovaciones de manera responsable. Esto incluye considerar las implicaciones éticas y sociales de nuevas tecnologías o actualizaciones de protocolo.

En resumen, la responsabilidad social en el ecosistema de Bitcoin va más allá de las fronteras tradicionales de la responsabilidad comercial. Los actores involucrados deben considerar su impacto en la sociedad en su conjunto y esforzarse por contribuir positivamente a los problemas sociales, económicos y ambientales relacionados con esta tecnología emergente.

XVI - Comunidad y Cultura de Bitcoin

a - Exploración de la cultura que rodea a la comunidad Bitcoin.

La cultura que emerge alrededor de la comunidad Bitcoin es única e influenciada por los ideales, valores y desafíos específicos de esta tecnología financiera descentralizada. A continuación, una exploración de la cultura que rodea a la comunidad Bitcoin:

Descentralización y Autonomía:

Exploración: La cultura Bitcoin está profundamente arraigada en la descentralización y la autonomía. Los miembros de la comunidad valoran la capacidad de gestionar sus propios fondos, participar en decisiones de gobernanza y liberarse de los sistemas financieros centralizados.

Cypherpunk y Privacidad:

Exploración: La cultura Bitcoin tiene sus raíces en el movimiento cypherpunk, poniendo énfasis en la protección de la privacidad y la confidencialidad de las transacciones.

Los miembros de la comunidad dan gran importancia a la seguridad y a resistir la vigilancia.

Educación y Conciencia:

Exploración: La cultura Bitcoin fomenta la educación y la conciencia. Los miembros se esfuerzan por informar al público sobre la tecnología, su funcionamiento y sus posibles beneficios. Esta educación se considera esencial para una adopción responsable de Bitcoin.

Hodl y Resiliencia:

Exploración: El término "hodl", derivado de un error tipográfico de la palabra "hold", se ha vuelto emblemático en la cultura Bitcoin. Representa la resistencia a la volatilidad de precios y el compromiso de mantener activos de Bitcoin a largo plazo.

Memes y Humor:

Exploración: La comunidad Bitcoin es conocida por su uso de memes y humor para abordar temas complejos. Memes como el "Bitcoin Roller Coaster Guy" se han vuelto icónicos en la cultura Bitcoin en línea.

Código Abierto y Colaboración:

Exploración: La cultura Bitcoin está estrechamente ligada a la idea de software de código abierto y colaboración. El protocolo Bitcoin en sí mismo es de código abierto, fomentando la transparencia y la contribución de desarrolladores de todo el mundo.

Economía Bitcoin:

Exploración: La comunidad Bitcoin ha desarrollado una economía propia con comerciantes que aceptan Bitcoin como forma de pago, plataformas de intercambio y servicios financieros diseñados específicamente para usuarios de Bitcoin.

Madurez Financiera e Inversión:

Exploración: La cultura Bitcoin se dirige hacia una madurez financiera, con discusiones sobre gestión de riesgos, diversificación de carteras e inversión a largo plazo. Los miembros promueven un enfoque reflexivo en la gestión de activos de Bitcoin.

Eventos y Conferencias:

Exploración: La cultura Bitcoin se manifiesta a través de eventos y conferencias específicas, como la Bitcoin Conference y la Consensus. Estas reuniones fomentan la comunidad, la creación de redes y discusiones sobre el futuro de Bitcoin.

Adopción e Influencia Social:

Exploración: La cultura Bitcoin también refleja la ambición de una adopción más amplia. Los miembros de la comunidad buscan influir socialmente demostrando los beneficios de Bitcoin como un sistema financiero alternativo.

En resumen, la cultura que rodea a la comunidad Bitcoin es diversa, dinámica y en constante evolución. Está impulsada por ideales de descentralización, resiliencia y protección de la privacidad. La comunidad Bitcoin desempeña un papel clave en la definición de esta cultura, contribuyendo a dar forma al futuro de esta tecnología financiera descentralizada.

b - Discusión sobre la importancia de la comunidad en el desarrollo y la aceptación de Bitcoin.

La comunidad desempeña un papel fundamental en el desarrollo y la aceptación de Bitcoin, contribuyendo a dar forma a la evolución de esta tecnología financiera descentralizada. A continuación, una discusión sobre la importancia de la comunidad en el contexto de Bitcoin:

Evolución del Protocolo:

Discusión: La comunidad Bitcoin participa en discusiones constantes sobre actualizaciones del protocolo. Los debates sobre mejoras, ajustes de escala y otros cambios reflejan la diversidad de opiniones dentro de la comunidad. Estas discusiones contribuyen a la evolución del protocolo de manera transparente y descentralizada.

Adopción y Educación:

Discusión: La comunidad Bitcoin desempeña un papel crucial en la adopción y la educación del público. Los esfuerzos educativos, seminarios, podcasts y publicaciones contribuyen a aumentar la conciencia sobre la tecnología Bitcoin. La información proveniente de la comunidad a menudo se considera más auténtica e imparcial.

Aceptación por parte de Empresas:

Discusión: La influencia de la comunidad Bitcoin se extiende a la aceptación por parte de las empresas. Campañas comunitarias, recomendaciones y el uso activo de Bitcoin alientan a las empresas a integrar esta criptomoneda en sus métodos de pago, contribuyendo así a su legitimidad económica.

Defensa de la Descentralización:

Discusión: La comunidad Bitcoin es un firme defensor de la descentralización. El compromiso de mantener la naturaleza descentralizada de la red Bitcoin, en contraposición a los sistemas financieros tradicionales, es fundamental en las discusiones comunitarias. Esto refuerza la resistencia de Bitcoin frente a la censura y la manipulación.

Cultura e Identidad Compartidas:

Discusión: La cultura compartida dentro de la comunidad Bitcoin crea una identidad distintiva. Valores como la resiliencia, la responsabilidad financiera, la transparencia y la confianza mutua a menudo se comparten, fortaleciendo el tejido social de la comunidad.

Control de Nodos y Poder de Cómputo:

Discusión: La distribución de la potencia de cómputo y los nodos dentro de la comunidad contribuye a mantener la seguridad y la resiliencia de la red Bitcoin. Las discusiones sobre la participación activa en la gestión de estos recursos fortalecen la solidez del sistema.

Resistencia a Presiones Externas:

Discusión: La comunidad Bitcoin a menudo enfrenta presiones externas, ya sean regulaciones, críticas o intentos de manipulación. La capacidad de la comunidad para mantenerse unida y defender los principios fundamentales de Bitcoin es crucial para su mantenimiento como sistema descentralizado.

Innovación y Proyectos Descentralizados:

Discusión: La innovación en el ecosistema Bitcoin a menudo surge de la comunidad misma. Desarrolladores, emprendedores y colaboradores trabajan en proyectos descentralizados, como aplicaciones descentralizadas (dApps), que amplían los casos de uso de Bitcoin.

Retroalimentación y Mejoras Continuas:

Discusión: La comunidad Bitcoin proporciona constantemente retroalimentación sobre mejoras necesarias y posibles problemas. Este ciclo de retroalimentación es esencial para un desarrollo ágil y la rápida resolución de desafíos encontrados por la red.

Influencia Social y Cultural:

Discusión: La influencia social y cultural de la comunidad Bitcoin contribuye a dar forma a la aceptación de Bitcoin más allá de los aspectos técnicos. Movimientos como el "Bitcoin Orange Pill" resaltan el impacto cultural y filosófico de la comunidad en la percepción de Bitcoin.

En conclusión, la comunidad Bitcoin es un motor poderoso que moldea el desarrollo, la adopción y la aceptación de esta tecnología financiera descentralizada. Su compromiso continuo, su diversidad de ideas y su influencia colectiva desempeñan un papel crucial en la evolución de Bitcoin y su progresiva integración en los sistemas financieros globales.

XVII - Educación Financiera e Inclusión

a - Análisis del papel del Bitcoin en la educación financiera y la inclusión económica.

La aparición del Bitcoin ha abierto nuevas perspectivas en términos de educación financiera e inclusión económica. Este análisis explora el papel del Bitcoin en estos ámbitos fundamentales:

Acceso Financiero Global:

Análisis: El Bitcoin proporciona acceso financiero global, especialmente beneficioso para personas no bancarizadas o sub-bancarizadas. Aquellos sin acceso a servicios bancarios tradicionales pueden participar en la economía global utilizando Bitcoin como medio de intercambio y almacenamiento de valor.

Educación Financiera Descentralizada:

Análisis: El Bitcoin facilita la educación financiera descentralizada. Los usuarios pueden aprender los fundamentos de las finanzas, la economía y la gestión de activos sin necesidad de intermediarios financieros tradicionales. Los recursos educativos sobre Bitcoin son ampliamente accesibles en línea.

Inclusión de Poblaciones No Bancarizadas:

Análisis: Las poblaciones no bancarizadas, especialmente en regiones en desarrollo, pueden acceder a servicios financieros utilizando Bitcoin. Las transacciones entre pares permiten pagos transfronterizos rápidos y asequibles, eliminando barreras tradicionales.

Estabilidad Monetaria en Economías Inestables:

Análisis: En economías inestables, Bitcoin ofrece una alternativa estable para proteger el valor de los activos. Los ciudadanos de países enfrentados a hiperinflación o crisis monetarias pueden usar Bitcoin como refugio financiero.

Ahorro y Planificación Financiera:

Análisis: Bitcoin puede servir como una herramienta de ahorro, permitiendo a las personas mantener valor a largo plazo. También ofrece una opción de planificación financiera alternativa, especialmente cuando las tasas de interés tradicionales pueden ser bajas.

Eliminación de Altas Tarifas de Transacción:

Análisis: Las transferencias transfronterizas de fondos a través de Bitcoin eliminan las altas tarifas de transacción asociadas a servicios financieros tradicionales. Esto promueve una inclusión económica más amplia al reducir costos para trabajadores migrantes y pequeñas empresas.

Conciencia Financiera:

Análisis: Bitcoin fomenta la conciencia financiera al motivar a los usuarios a comprender los mecanismos de la cadena de bloques, la seguridad de las claves privadas y los aspectos relacionados con la volatilidad de los precios. Esto contribuye a una educación financiera más amplia más allá del Bitcoin en sí.

Participación Económica de las Mujeres:

Análisis: Bitcoin puede desempeñar un papel en la promoción de la participación económica de las mujeres, especialmente en regiones donde tienen acceso limitado a servicios financieros tradicionales. La autonomía financiera se vuelve más accesible gracias a Bitcoin.

Innovación en Servicios Financieros:

Análisis: El surgimiento del Bitcoin estimula la innovación en los servicios financieros. Nuevas empresas y startups están creando soluciones centradas en Bitcoin para satisfacer las necesidades específicas de los usuarios, fomentando así la inclusión económica.

Responsabilidad Individual:

Análisis: Bitcoin fomenta la responsabilidad individual al brindar a los usuarios un control total sobre sus fondos. Las personas se ven motivadas a comprender los aspectos de seguridad, gestión de claves privadas y gestión de riesgos, fortaleciendo así la responsabilidad financiera personal.

En resumen, el Bitcoin desempeña un papel crucial en la educación financiera y la inclusión económica al ofrecer soluciones descentralizadas, accesibles para un público global. Su impacto en el empoderamiento individual, el acceso financiero y la estabilidad económica lo convierte en una herramienta potencialmente transformadora en el ámbito financiero global.

b - Exploración de proyectos que utilizan Bitcoin para mejorar el acceso a servicios financieros.

Han surgido diversos proyectos para aprovechar el potencial de Bitcoin y mejorar el acceso a servicios financieros en todo el mundo. Esta exploración destaca algunas iniciativas innovadoras:

Bitcoin para No Bancarizados:

Descripción: Proyectos se centran en utilizar Bitcoin para ofrecer servicios financieros a poblaciones no bancarizadas. Facilitan el acceso a cuentas, pagos y préstamos sin necesidad de una cuenta bancaria tradicional.

Ejemplo: Aplicaciones móviles permiten a los usuarios tener y transferir bitcoins sin necesidad de un banco. Estas soluciones buscan crear inclusión financiera para poblaciones sin acceso a servicios bancarios.

Servicios de Microfinanciamiento:

Descripción: Algunos proyectos usan Bitcoin para proporcionar servicios de microfinanciamiento. Esto permite a las personas solicitar préstamos de pequeña escala, a

menudo para proyectos empresariales o agrícolas, sin las
restricciones de las instituciones financieras tradicionales.

Ejemplo: Plataformas de microfinanciamiento basadas en
Bitcoin permiten a los prestamistas proporcionar fondos
directamente a los prestatarios, eliminando intermediarios y
reduciendo costos.

Transferencias Transfronterizas sin Tarifas:

Descripción: Algunos proyectos exploran el uso de Bitcoin
para facilitar transferencias transfronterizas, especialmente
en regiones donde las tarifas de transferencia tradicionales
son prohibitivas. Esto hace que los envíos de dinero sean
más rápidos, asequibles y accesibles.

Ejemplo: Plataformas de pago basadas en Bitcoin permiten
a los usuarios enviar y recibir fondos en el extranjero con
tarifas mínimas en comparación con los servicios
tradicionales.

Ahorro y Planificación Financiera Descentralizados:

Descripción: Algunos proyectos utilizan Bitcoin para crear
soluciones de ahorro descentralizadas. Los usuarios pueden
mantener y hacer crecer sus ahorros utilizando mecanismos
inteligentes basados en la cadena de bloques.

Ejemplo: Aplicaciones permiten a los usuarios depositar bitcoins en contratos inteligentes, generando rendimientos basados en protocolos automatizados de préstamo.

Salarios en Bitcoin para Trabajadores Globales:

Descripción: Algunos proyectos se centran en el pago de salarios en Bitcoin para trabajadores internacionales. Esto ofrece una alternativa a los sistemas de pago tradicionales, a menudo más lentos y costosos.

Ejemplo: Empresas utilizan plataformas que facilitan los pagos en Bitcoin, ofreciendo a los trabajadores la opción de recibir pagos rápidos y con menos tarifas.

Educación Financiera Descentralizada:

Descripción: Proyectos se orientan hacia la educación financiera descentralizada utilizando Bitcoin como herramienta de aprendizaje. Esto incluye cursos en línea, tutoriales y simulaciones para ayudar a los usuarios a comprender los principios financieros básicos.

Ejemplo: Plataformas educativas ofrecen cursos interactivos sobre la cadena de bloques, Bitcoin y habilidades financieras básicas.

Tarjetas de Débito Bitcoin:

Descripción: Algunos proyectos ofrecen tarjetas de débito Bitcoin que permiten a los usuarios gastar sus bitcoins directamente en comercios. Facilita el uso diario de Bitcoin para transacciones comunes.

Ejemplo: Empresas emiten tarjetas de débito Bitcoin vinculadas a los monederos Bitcoin de los usuarios, lo que les permite gastar bitcoins en tiendas físicas y en línea.

Finanzas Descentralizadas (DeFi):

Descripción: La Finanza Descentralizada (DeFi) a menudo utiliza Bitcoin como garantía para proporcionar servicios financieros tradicionales, como préstamos, financiamiento y servicios de intercambio, sin necesidad de intermediarios de confianza.

Ejemplo: Protocolos DeFi basados en Bitcoin permiten a los usuarios ofrecer bitcoins como garantía para acceder a servicios como préstamos en criptomonedas.

Estas iniciativas muestran la diversidad de proyectos que buscan utilizar Bitcoin para mejorar el acceso a servicios financieros, fortaleciendo la inclusión económica y la descentralización del sistema financiero.

XVIII - Conclusión

A - Recapitulación de los puntos clave.

El Bitcoin, como una revolución en el mundo financiero, ha abierto nuevas perspectivas y ha inspirado iniciativas innovadoras. Aquí hay una recapitulación de los puntos clave abordados en este libro:

Revolución Financiera: • Bitcoin es una revolución en el mundo financiero, ofreciendo un modelo descentralizado que cuestiona los sistemas financieros tradicionales.

Historia y Creación:

La breve historia de la creación de Bitcoin por Satoshi Nakamoto sentó las bases de su desarrollo y adopción mundial.

Conceptos Básicos:

Blockchain, prueba de trabajo y cadena de bloques son conceptos fundamentales explicados para comprender el funcionamiento de Bitcoin.

Criptografía y Seguridad:

La introducción a la criptografía aplicada a Bitcoin destaca la importancia de la seguridad en este sistema descentralizado.

Minería y Validación:

La exploración del proceso de minería y validación de transacciones resalta el papel crucial de los mineros en la seguridad de la red.

Factores de Influencia en el Valor:

El análisis de los factores que influyen en el valor de Bitcoin destacó la complejidad de su evaluación, incluyendo la oferta y la demanda.

Comparación con Monedas Tradicionales:

La comparación con monedas tradicionales y metales preciosos resaltó las características distintivas de Bitcoin.

Ventajas Potenciales:

La exploración de las ventajas potenciales examinó la seguridad, la descentralización y la privacidad como activos de Bitcoin.

Desafíos y Preocupaciones:

La discusión de los desafíos, incluida la volatilidad y las preocupaciones regulatorias, puso de relieve los obstáculos a superar.

Ecosistema Bitcoin:

La presentación de plataformas de intercambio, billeteras y aplicaciones descentralizadas (dApps) mostró la diversidad del ecosistema Bitcoin.

Impacto en Sistemas Financieros:

El análisis del impacto potencial de Bitcoin en los sistemas financieros tradicionales subrayó su papel como disruptor.

Privacidad y Libertad Financiera:

La discusión sobre las implicaciones para la privacidad y la libertad financiera destacó los aspectos sociales de Bitcoin.

Desarrollos Recientes:

La actualización sobre desarrollos recientes, incluidas actualizaciones del protocolo, enfatizó la naturaleza dinámica del ecosistema Bitcoin.

Tendencias Futuras:

La exploración de tendencias emergentes evocó posibles escenarios para el futuro de Bitcoin.

Desarrollos Tecnológicos Potenciales:

La exploración de desarrollos tecnológicos resaltó los avances potenciales en el ecosistema Bitcoin.

Consejos Prácticos:

Los consejos prácticos para un uso seguro proporcionaron orientación valiosa para nuevos usuarios.

Advertencias y Buenas Prácticas:

Las advertencias sobre posibles trampas y buenas prácticas subrayaron la importancia de la precaución.

Respuestas a Preguntas Frecuentes:

Las respuestas a algunas de las preguntas más frecuentes disiparon las dudas habituales.

Controversias y Debates:

La exploración de debates comunitarios ilustró la diversidad de opiniones sobre temas cruciales como la escalabilidad y la gobernanza.

Lecciones de Controversias Pasadas:

El análisis de controversias pasadas mostró cómo la comunidad Bitcoin evoluciona aprendiendo de su historia.

Seguridad de Billeteras:

Los consejos prácticos sobre la seguridad de las billeteras subrayaron la importancia de la seguridad en el uso de Bitcoin.

Prevención de Riesgos:

La prevención de estafas y riesgos de seguridad advirtió sobre posibles trampas.

Estudios de Caso y Lecciones Aprendidas:

Los estudios de caso ilustraron el éxito y los desafíos enfrentados por empresas o individuos en el ecosistema Bitcoin.

Perspectivas Regulatorias:

La exploración de perspectivas regulatorias destacó la
evolución constante del marco legal relacionado con
Bitcoin.

Ética de Bitcoin y Responsabilidad Social:

La reflexión sobre implicaciones éticas y responsabilidad
social examinó consideraciones ambientales y sociales.

Comunidad y Cultura Bitcoin:

La exploración de la cultura comunitaria demostró la
importancia de la comunidad en el desarrollo y aceptación
de Bitcoin.

Proyectos de Inclusión Financiera:

La exploración de proyectos que buscan utilizar Bitcoin para
mejorar el acceso a servicios financieros destacó el impacto
potencial en la inclusión económica.

Educación Financiera e Inclusión:

El análisis del papel de Bitcoin en la educación financiera y
la inclusión económica resaltó sus contribuciones positivas.

b - Llamado a la continua exploración y a la comprensión del Bitcoin.

Mientras concluimos este viaje a través del complejo y fascinante mundo del Bitcoin, es crucial resaltar la importancia de la continua exploración y comprensión de esta tecnología revolucionaria. Aquí tienes un llamado a perseverar en tu exploración del Bitcoin:

La tecnología está en evolución:

El Bitcoin está en constante evolución. Mantenerse al día con las actualizaciones del protocolo y los nuevos desarrollos asegura una comprensión actualizada.

Diversidad de opiniones:

La comunidad Bitcoin es diversa, con opiniones variadas. Explora diferentes perspectivas, participa en discusiones y cuestiona tus propias ideas para enriquecer tu comprensión.

Participación activa:

Comprométete activamente con la comunidad. Ya sea a través de foros en línea, encuentros locales o eventos, la participación directa te ofrece perspectivas únicas.

Experimentación prudente:

No dudes en experimentar con pequeñas cantidades de
Bitcoin. Crea un monedero, realiza transacciones y explora
las diferentes funcionalidades para fortalecer tu
comprensión práctica.

Educación continua:

La tecnología blockchain y el Bitcoin son vastos. Continúa
invirtiendo en tu educación, ya sea a través de libros, cursos
en línea, podcasts u otras fuentes educativas.

Evoluciones regulatorias:

Sigue de cerca los desarrollos regulatorios relacionados con
el Bitcoin. Los cambios en el panorama legal pueden influir
en su adopción y uso.

Adaptación a los cambios:

Comprende que el Bitcoin puede evolucionar en respuesta
a desafíos y oportunidades. Estar preparado para adaptarse
te posiciona para aprovechar al máximo esta tecnología
dinámica.

Seguridad y precaución:

La seguridad sigue siendo una prioridad. Adopta prácticas seguras para proteger tus claves privadas y activos. Sé consciente de los riesgos potenciales y actúa con prudencia.

Compartir conocimientos:

Comparte tus conocimientos con los demás. La educación mutua fortalece la comunidad y contribuye a la difusión de la información sobre el Bitcoin.

Reflexión sobre el impacto:

Considera el impacto del Bitcoin más allá de su aspecto financiero. Reflexiona sobre sus implicaciones sociales, económicas y ambientales para una comprensión más holística.

Abrazando este llamado a la continua exploración, estarás mejor equipado para navegar en el siempre cambiante mundo del Bitcoin. Ya sea que tu viaje esté impulsado por la curiosidad, la inversión o el deseo de participar en la redefinición de las finanzas, el Bitcoin ofrece un terreno fértil para una exploración continua y una comprensión profunda.

A lo largo de las páginas de este libro sobre Bitcoin, hemos emprendido un viaje fascinante al corazón de una innovación que redefine los contornos del mundo financiero. Aquí está la conclusión que resume la esencia de esta exploración en profundidad:

El Bitcoin, nacido de la visión de Satoshi Nakamoto, trasciende las fronteras tradicionales de las finanzas. Es mucho más que una simple criptomoneda; es una revolución descentralizada que sacude los cimientos de los sistemas financieros establecidos. Nuestra exploración ha sumergido en la intrigante historia de su creación, ha desentrañado los conceptos complejos de la cadena de bloques y la criptografía, y ha investigado las múltiples facetas de su ecosistema dinámico.

A lo largo de los capítulos, hemos examinado los posibles beneficios del Bitcoin, analizado los desafíos que enfrenta y explorado su impacto en los sistemas financieros mundiales. Desde la volatilidad de los mercados hasta la gobernanza comunitaria, cada aspecto se ha abordado con un rigor analítico destinado a ofrecer una comprensión holística.

También hemos destacado las implicaciones sociales, éticas y medioambientales del Bitcoin, invitando a una reflexión profunda sobre su papel en nuestra sociedad. La diversidad de proyectos de inclusión financiera y aplicaciones descentralizadas ilustra el potencial transformador del Bitcoin más allá de su mera utilidad como moneda.

El llamado a una exploración continua y a una comprensión constante resuena como una invitación a mantenerse conectado con las rápidas evoluciones de esta tecnología. La educación, la prudencia y el compromiso activo con la comunidad son los pilares que permitirán a los lectores navegar con éxito en el cambiante panorama del Bitcoin.

En conclusión, este libro aspira a ser una guía informativa e inspiradora para todos los interesados en esta revolución financiera. Ya sea como principiante curioso o como experto apasionado, que este libro sea una fuente continua de inspiración en su exploración del Bitcoin y sus profundas implicaciones para nuestro futuro financiero. El mundo del Bitcoin es vasto, complejo pero siempre en movimiento. Que su viaje en este fascinante universo continúe con una sed insaciable de conocimiento y una renovada convicción en el poder del Bitcoin para transformar nuestra forma de concebir las finanzas.